EXIT THE CAVE

(Verlasse die Höhle)

Das Ende der Reinkarnationsfalle
Buch 1

von
howdie mickoski

Gekürzte deutsche Erstausgabe© 2024, Verlasse die Höhle
Das Beenden der Reinkarnationsfalle

Aus dem Amerikanischen von Michael & Alexandra Strozny und
Monica Salerno
Lektorat: Michael Strozny

ISBN
978-82-94094-00-4

Schriftart: Garamond 12pt

Umschlaggestaltung von Verushka Ettlin
Titelfoto von Tommy Milanese (www.pexels.com)

Inhaltsverzeichnis

Vorwort

Jeder der behauptet, er wisse mit Sicherheit was nach unserem Tod passiert oder wie oder warum dieses Universum erschaffen wurde, ist ein Lügner. Das Einzige was man präsentieren kann sind gut recherchierte Berichte, ergänzt mit persönlichen Erfahrungen, denen eine gemeinsame These zu Grunde liegt.

Dasselbe mache auch ich hier. Ich weiß also, dass diese meine Antworten nicht mit absoluter Sicherheit zutreffen, aber durch meine jahrelange Forschung fühle ich, dass ich nahe dran bin. Jedoch erst wenn mein Bewusstseins-Transit-Ereignis eintreten wird, werde ich wissen können, wie sehr meine These mit der absoluten Realität übereinstimmt.

Dies ist der erste (gekürzte) Teil einer zweiteiligen Buchreihe. Das zweite Buch wird irgendwann im Sommer 2024 erhältlich sein. Zusammen werden sie ein Gesamtwerk bilden, von dem ich überzeugt bin, dass es hilfreich sein wird, mich auf meine „endgültige Reise - den Übergang „ vorzubereiten. Vielleicht sind beide Bücher auch für Deine Reise hilfreich.

In diesem Buch werde ich einige sehr gewagte Behauptungen über die Realität aufstellen, in welcher wir uns befinden. Das bedeutet natürlich nicht, dass ich einen vorzeitigen Ausstieg aus dieser Realität hier befürworte. Dieses Buch soll lediglich Menschen unterstützen, eine sehr komplexe Illusionswelt selbst untersuchen und verstehen zu können. Die Leser sollen ermutigt werden, ihre verfügbare Zeit zu nutzen, um all die Tricks und Täuschungen durchschauen zu können, welche diese gesamte Illusionswelt bereithält.

Frühzeitig diese Welt verlassen zu wollen (also zum Beispiel den Freitod zu wählen), würde uns sehr wertvolle Zeit der Vorbereitung für den Ausstieg stehlen, welche jedoch für einen besseren und wahrlich bewussten Ausstieg nötig wäre. Obwohl der Bereich dieser „Welt“ und die entsprechenden Erfahrungen darin sehr schwierig für viele Menschen sein können, schlage ich dennoch vor, diese Zeit hier, in der physischen Form der Existenz zu nutzen. Nur so können wir wirklich in alle verfügbaren Weisheitsspuren eintauchen und noch bewusstere Wege finden, welche uns dann beim Verlassen dieser „physischen Welt" dienen. Dieses dient dazu für sich und andere, sowie für die Natur von Wert zu sein, aber auch so ausgeglichen wie möglich zu sein. Der Rest wird sich von selbst ergeben.

Beste Wünsche
Howdie

Hinweis: Wir, vom Übersetzungsteam, haben den Text mit bestem Wissen und Gewissem überarbeitet. Trotzdem kann es einmal zu Fehlern in der Rechtschreibung und bei der Grammatik gekommen sein. Wir bitten Euch dieses zu entschuldigen.

Ich betrat ihr Gefängnis
Der Körper ist dieses Gefängnis Ich rief aus:
„Jeder, der es hört, erhebe dich aus deinem tiefen Schlaf!“
Apokalypse des Johannes[1]

1 https://www.matrixblogger.de/das-geheime-buch-des-johannes-das-gnostische-evangelium

Erntemond

„Wahre Philosophen machen das Sterben zu ihrem Beruf und von allen Menschen ist der Tod für sie am wenigsten beängstigend. Er ist die Aussicht auf die Verwirklichung ihres lebenslangen Wunsches, der Weisheit."
Platon; Phaidon

Wo sind Sie?

Was wäre, wenn Du eines Morgens, sagen wir heute Morgen, mit der verrückten Idee aufgewacht wärst, dass alles was Dir jemals gesagt wurde, eine Lüge war? Alles, was Dir in der Schule, von Deinen Eltern, von den Religionen und vom Fernsehen beigebracht wurde, eine Lüge war? Dass all die Systeme, denen Du vertraut hast und von denen Du glaubtest, dass sie zu Deinem Besten geschaffen wurden, falsch waren? Eine Vielzahl vorsätzlicher Lügen sind als eine Art Kontrollmechanismus entwickelt worden, um Dich und alle anderen unter dem Bann der Mächte zu halten, die dieses Reich kontrollieren. Was wäre, wenn Du herausfinden würdest, dass auch all die Bereiche, die Dir scheinbar helfen sollen, wie Religion, Spiritualität oder Selbsthilfe, ebenfalls Teil der Täuschung sind?

Was wäre, wenn Du eines Tages aufwachst, sagen wir in diesem Moment und erkennst, dass Du tatsächlich gestorben bist, dass Du dich im Reich nach dem Tod befindest? Ein Tunnel aus weißem Licht erscheint vor Dir und ein liebevoller Engel oder Deine liebevolle Großmutter rufen Dich zu diesem Licht. Was würdest Du machen? Ist es ein Segen, zu diesem Licht zu gehen oder ist es der Weg, der Dich weiter gefangen hält?

Was ist, wenn es einen Ausgang gibt?

> *„Ein Thema, das in den letzten zehn Jahren viel Aufmerksamkeit erregt hat, fällt unter das Thema „Reinkarnationsfalle". Es besagt, kurz gesagt, dass nicht-*

menschliche Wesen[2] entweder dieses Reich geschaffen haben oder dieses Reich kontrollieren und menschliche Seelen in ein künstliches Weltenkonstrukt bringen. Sie tun dies, um die Menschen als Nahrung zu züchten, wobei sie unsere Energie (hauptsächlich in Form von Angst und anderen negativen Emotionen, wie im Film Monster AG) als Quelle nutzen. Wenn wir sterben, werden wir im entscheidenden Moment von Außerirdischen ausgetrickst. Sie tarnen sich als Wesen des Lichts oder ehemalige geliebte Menschen. (Sie würden dann) in einen Tunnel aus Licht gehen oder eine Treppe aus Licht hinauf. Beides führt dazu, dass wir in den Reinkarnationszyklus eintreten und in ein anderes Leben auf der „Seelenfarm" zurückkehren."[3] Wayne J. Bush

Das obige Zitat von Wayne Bush enthält alle Informationen die Du zu diesem Thema benötigst und die nächsten 90 Seiten werden eine Untersuchung der obigen fünf Sätze sein. Dazu werden wir eine Menge Beweise über Leben und Tod untersuchen müssen. Dazu gehören die so genannten Nahtoderfahrungen (NTE), Konzepte wie Karma, Reinkarnation und Sünde. Als Diskussionsgrundlage für dieses Buch dient die Allegorie von Platons Höhle, die in seinem Buch *Republik* zu finden ist. Es ist eine Geschichte über eine Höhle von Gefangenen, die mit einem Trick dazu gebracht werden, ein Leben der Illusion zu führen. Die Forscher versuchen, die Analogie von Platons Höhle und ihrem Ausgang einfach zu erklären. Sie fügen ihre Analyse in ihren Vorstellungen von dieser Welt ein und nur wenige stellen in Frage, ob es sich um eine nützliche Analogie handelt? Dieses Buch befasst sich nicht so sehr mit den Fallen in diesem Bereich, sondern sucht nach der Grundlage für alle Fallen.

Wenn eine Person eine Nahtoderfahrung hatte, erzählt sie im Allgemeinen eine ähnliche Geschichte wie viele andere auch[4]. Sie

---

2 In den gnostischen Texten von Nag Hammadi als Archonten benannt

3 http://www.trickedbythelight.com

4 Eine riesige Sammlung von 4000 Nahtoderfahrungen kann unter http://www.nderf.org abgerufen werden, während andere Bücher zu diesem Thema auf Hunderten oder Tausenden von Fällen beruhen

betreten ein Reich, das verwirrend ist, bis sie entweder ein weißes Licht sehen (oft einen Tunnel), mit vielleicht engelsgleichen Wesen oder toten Verwandten, die sie zum Licht hin ermutigen. Manche treffen stattdessen auf eine Treppe. Diejenigen, die dieses Licht erleben, sagen, es sei die schönste Erfahrung, die sie sich vorstellen können. Einige berichten von der personifizierten Liebe, einem Ort, den sie nicht mehr verlassen wollten. Irgendwann wird ihnen gesagt, entweder nach einer Art Lebensrückblick oder durch eine einfache Präsentation, dass es „nicht ihre Zeit ist." „Sie haben Arbeit oder eine Mission zu vollenden" oder „sie haben noch mehr zu lernen" und werden in ihren Körper auf der Erde zurückgeschickt. Diese Erfahrung verwandelt sie in der Regel und oft ändern sie ihr Leben auf drastische Weise. Im Allgemeinen werden sie freundlicher und liebevoller und verlieren ihre Angst vor dem Tod. Das hört sich alles gut an, nicht wahr? Oder ist es zu schön, um wahr zu sein?

> *Und kein Wunder, denn der Satan selbst nimmt die Gestalt eines Engels des Lichts an" 2. Brief an die Korinther, Satz 14*[5]

Jedoch sind das nicht die einzigen Erfahrungen, die Menschen in der Welt nach dem Tod gemacht haben. Viele dieser „anderen Erfahrungen" deuten darauf hin, dass die Standardgeschichte vom weißen Licht und den liebenden Engeln nichts als ein Trick ist. Jede Seele, die darauf hereinfällt, hat damit nur ihre fortgesetzte Versklavung erreicht. Als ich die Standardgeschichte untersuchte, begann ich mich zu fragen, ob diejenigen, die „schöne" Erfahrungen machten, diese als Teil einer Propagandakampagne, wie ich es nenne, erhielten. Diejenigen, die hierher zurückgeschickt werden (oft gegen ihren Willen), könnten eine „abgespeckte" Version der Erfahrung erhalten haben. Oft ist dies der Auslöser dafür, ein paar Bücher darüber zu schreiben, dass der weiße Lichttunnel ihr Freund ist. Wenn Du ein Täuschungsmanöver durchführen würdest, bei dem Seelen in diesem Reich gefangen bleiben müssten, wie viele

5 https://www.bibleserver.com/ELB/2.Korinther11%2C14

Nahtoderfahrene würdest Du dann das „wahre Ereignis" sehen lassen wollen? So wenige wie möglich. Das muss man im Hinterkopf behalten. Die Minderheit von 15 % der Erfahrungen könnten diejenigen sein, die die meisten vollständigen Teile der Nahtoderfahrung erleben. Während die normalen 85 % diejenigen sind, die eine starke Dosis von Täuschung erfahren.[6]

Eine der Überzeugungen, auf die sich die menschliche Erfahrung stützt, ist die, dass wir in einer wunderbaren Welt leben, die von einem liebevollen Schöpfer geschaffen wurde. Es wird uns als ein Ort dargestellt, an dem alle unsere Wünsche in Erfüllung gehen, an dem wir wachsen, lernen und uns weiterentwickeln können. Wenn wir nur genug Glauben haben, werden wir für die Ewigkeit in ein himmlisches Reich mit Wolken, Harfen und Engeln eintreten können. In diesem Buch wird die These vertreten, dass wir in genau dem Gegenteil von dieser Standardvorstellung leben. Meine Forschungen (über die antiken Gruppen der Gnostiker und Katharer sowie über die Arbeit der modernen Philosophen) werden offenbaren, dass wir in einer künstlichen, simulierten Welt leben. Diese ist von einer bösen Gottheit (von den Gnostikern Demiurg genannt) geschaffen worden.[7] Diese Realität, in der wir uns befinden, ist keine neue Schöpfung. Sie ist eine Kopie einer realeren Welt, die unsere Heimat ist. Bei näherer Betrachtung erscheint diese Kopie eher wie das, was wir heute als künstliche Intelligenz bezeichnen. Künstlich bedeutet, nicht organisch, nicht „lebendig", wie wir uns diesen Begriff vorstellen. Unser Wesen wurde mit einem Trick dazu gebracht, in diese Simulation einzutreten. Diese ist so konzipiert, dass wir hierbleiben, um

---

6 Ich habe einige persönliche Todeserfahrungen gemacht, von denen jede einige wichtige Elemente enthüllt hat, aber ich behaupte nicht, dass ich mit Sicherheit weiß, was der Tod für mich oder andere bringen wird. Tatsächlich war eine meiner Todeserfahrungen (im Jahr 2005), die ich später in Buch 2 ausführlich besprechen werde, möglicherweise nicht die wunderbare Eröffnung, die sie damals zu sein schien, sondern ein Trick, der mich von dem abhalten sollte, worauf mein Studium damals hinauslief (genau das Material, das Du jetzt liest)

7 Bevor der Demiurg diese Welt erschuf, schuf er für sich selbst so etwas wie Helfer oder Diener. Die Gnostiker nannten sie Archonten, aber auch andere Bezeichnungen wie Außerirdische, Dämonen oder parasitäre Wesen werden verwendet.

unsere Energie als Energiequelle abzugeben, damit die Simulation weiterläuft. Einige mögen nun sagen, dass dies verrückt klingt. Aber ist es das? Vielleicht ist diese These eine klare Erklärung für unsere Realität und die Erfahrung von ständigem Leid und Schmerz um uns herum?

> *„Sie (die grauen Außerirdischen) sind es, die im Licht warten, wenn ein Mensch stirbt. Der Mensch wird dann in einem anderen Körper recycelt und der Prozess beginnt von vorne. Daher die Licht- und Tunnel-Falle beim Tod. Die Außerirdischen scannen jemanden, den sie recyceln wollen, wenn er kurz vor dem Tod steht. Sie bringen in Erfahrung ob jemand, dem die Person nahestand, gestorben ist. Sie projizieren das Bild der Person(en) in den weißen Lichttunnel und das Bild winkt dich tiefer hinein. Wenn du dich entscheidest zu folgen, kannst du gefangen werden und in eine andere Inkarnation ihrer Wahl geschickt werden... diese Wesen betrachten die Erde als eine große Farm.“*[8] *- Val Valerian*

Das Thema, dass die Erde eine Seelenfarm ist, gibt es schon seit vielen Jahrzehnten, aber im Allgemeinen nur am Rande der alternativen Forschung. Gurdjieff[9] behauptete oft, wir seien hier auf der Erde, um „Nahrung für den Mond“ zu werden. Die meisten dachten, das sei symbolisch gemeint, aber wahrscheinlich nicht. Wusstest Du, dass der berühmteste Mond des Jahres als „Erntemond“ bekannt ist? Geht es dabei wirklich darum, dass die Menschen ihre Ernte einfahren oder ist es so, dass der Mond seine menschliche Ernte einfährt? Das Thema wurde von dem berühmten außerkörperlichen Forscher Robert Monroe aufgegriffen, der 1971 in Kapitel zwölf seines Buches *Der zweite Körper* behauptete, dass Außerirdische „Loosh-Energie“ benötigten. Unser Reich wurde gebaut, um dieses Loosh für die außerirdischen Kontrolleure bereitzustellen. Ich bespreche sein Buch im Detail in Kapitel drei.

---

8 Kommt in den Büchern Matrix II und Matrix V vor, behauptet, der ehemalige CIA-Agent John Grace zu sein und wird auf http://www.trickedbythelight.com/tbtl/light.shtml erwähnt.

9 Artikel auf Wikipedia

Val Valerian, der behauptete, ein ehemaliger CIA-Agent zu sein, schrieb ab 1990 eine Reihe von Matrix-Büchern mit demselben Thema, nämlich dass die Erde eine Farm sei. In Carlos Castanedas letztem Buch *Das Wirken der Unendlichkeit* wurde erörtert, wie parasitäre Wesenheiten seit Jahrhunderten Energie von uns ernten. Ein Teil dieses Prozesses bestand darin, uns ihren Verstand (ein parasitäres Ego) zu geben, damit wir leichter zu kontrollieren sind. Somit verhalten wir uns möglichst auf die von ihnen gewünschte negative Weise und erhöhen damit unseren Energieausstoß.

Es verblüfft mich, dass die Menschen nicht an die Nahrungskette denken. Eine Elritze frisst eine Mücke und nimmt diese Energie in sich auf. Ein Fisch frisst die Elritze und nimmt diese Energie in sich auf. Ein Mensch frisst den Fisch und nimmt diese Energie in sich auf. Der Mensch wird als das höchste Wesen angesehen, da nichts unsere Energie aufnimmt. Hätten die Menschen ein klareres Verständnis der Realität, müssten die Aussagen weitergehen: Ein Archont frisst den Menschen und nimmt diese Energie in sich auf. Der Archont nimmt diese Energie auf, steckt sie zurück in die Matrixsimulation, die dann zurückgeschickt wird, um einen neuen Moskito zu erreichen und die Spirale dreht sich weiter.

Diese Untersuchung wird für fast alle schwer zu lesen sein, denn all unsere am meisten gehegten und gepflegten Hoffnungen und Wünsche werden auf den Prüfstand gestellt. Dazu gehört auch die Idee des „Freien Willens“ - dass diese Realität irgendwie so eingerichtet wurde, dass wir tun und erleben können was wir wollen. Allerdings werden wir später für unsere Entscheidungen verurteilt werden. Das Problem mit dieser Theorie ist, dass es viele Momente im Leben der Menschen gibt, in denen sie das Gefühl haben, „keine Wahl“ zu haben oder „es war vorherbestimmt, dass es passiert“. Bei welchen Ereignissen handelt es sich also um Entscheidungen aus freiem Willen und bei welchen um Schicksal? An diesem Punkt wird es unklar. Eine Videospielfigur glaubt auch, dass sie einen freien Willen hat, aber sie handelt nur auf der

Grundlage der Programmierung, die ihrer Figur als Code gegeben wurde. Was wäre, wenn wir für die Launen eines anderen benutzt werden (so wie die Roboter in der Fernsehserie Westworld von vermeintlichen menschlichen Gästen benutzt werden, die sich ihnen gegenüber wie Parasiten verhalten)? Hast Du dir heute Morgen wirklich Dein Frühstück ausgesucht oder war das ein programmierter Moment, der vor Äonen in einen Computer eingegeben wurde?

Ein weiteres Thema, das die meisten Menschen für wahr halten, ist das christliche Konzept der Sünde. Dabei wurde uns weder bei unserem Eintritt in die Welt ein Handbuch für das Leben gegeben, noch eine wirkliche Vorstellung davon, wer oder was unsere Handlungen beurteilen wird. Ähnlich wie bei der Sünde geht es beim Karma darum, dass das Gute, das wir tun, belohnt und das Schlechte, das wir tun, bestraft wird. Östliche Religionen haben das Konzept des Karmas noch ein wenig erweitert und es der Reinkarnation hinzugefügt. Diese karmischen Momente entscheiden darüber, ob man als wichtige Person, als einfacher Bauer oder sogar (Gott bewahre) als Tier zurückkehrt.

Das Thema der Reinkarnation umgibt all dies. Dieses Thema der Vermeidung einer Reinkarnations-Falle war der grundlegende Glaube hinter der als Katharer bekannten Gruppe in Südfrankreich. Letztendlich wurde diese Gruppe durch die Kirche von Rom ab 1209 n. Chr., in ihrem ersten Kreuzzug und der Inquisition ausgerottet.[10] In den letzten zwanzig Jahren hat das Thema der Reinkarnations-Fallen und der Energiegewinnung jedoch eine neue Dimension angenommen. Ein weiteres Schlüsselelement dieser Diskussion ist das, was man als „Gedächtnislöschung“ bezeichnen kann. In der Antike wurde dies personifiziert durch den hermetischen „Kelch des Vergessens“ und die chinesische Göttin Meng Po und ihre „Suppe des Vergessens“.[11] Genau in diesem Wort bekommen wir ein Gefühl

10 Auf die Katharer wird in Kapitel elf, der englischen Ausgabe, näher eingegangen.

11 Meng Po, der auf der Brücke des Vergessens einen Kräutertee serviert, damit die Menschen ihre früheren Leben vergessen, wenn sie in ein neues Leben eintreten. Wenn man den Tee nicht oder nur teilweise trinken könnte, würden in der neuen

für das, was vor sich geht. Die Vergesslichkeit: Sich nicht mehr an die Fülle oder das Ganze dessen zu erinnern was wir sind.

Viele werden vehement behaupten, die Idee der Reinkarnation sei falsch, weil sie sich an kein einziges ihrer eigenen Leben erinnern können und selbst der Papst leugnet dieses Konzept. Wir bekommen ein Leben und das war's dann. Die meisten Anhänger westlicher Religionen lehnen die Idee der Reinkarnation sofort ab. Wenn man sich mit den Geschichten der Religionen beschäftigt, wird man sehen, dass die Reinkarnation in den frühen Lehren vorkommt. Das Christentum könnte sie erst 525 n. Chr. gestrichen haben. Wahrscheinlich wurde das Thema gestrichen um diese Tatsache zu verbergen. Die Menschen werden nicht gegen etwas vorgehen, an dessen Existenz sie nicht glauben. In den östlichen Religionen gibt es das Konzept der Reinkarnation immer noch, aber es entspricht auch nicht mehr der ursprünglichen Darstellung. Die Buddhisten behaupten, dass die Welt leidet und die Reinkarnation das Rad des Samsara ist. Man müsse den Lehren des Buddha folgen, um den Kreislauf zu verlassen. Allerdings handeln diese Lehren meist von moralischen Zwängen und vom Sitzen mit geschlossenen Augen. Tatsächlich wird mehr darüber gesprochen, wie man beim nächsten Mal ein besseres Leben führen kann. Es wird nicht wirklich gezeigt, wie man den Kreislauf verlassen kann. Im Hinduismus gibt es die Reinkarnation immer noch und sie versuchen, sich auf die Bhagavad Gita als Kernstück ihrer Lehre zu konzentrieren Ich sehe diesen Text jedoch auf eine ganz andere Art und Weise - eher als einen Trick, um im Reinkarnationskreislauf stecken zu bleiben und nicht als den Weg zum Ausstieg.

„Mit anderen Worten: Die Seelen begannen als rein geistige Wesenheiten und werden in die Materie inkarniert. Und warum? Um dorthin zurückzukehren, wo sie begonnen haben! Und was haben sie gewonnen? Virtuelle Lebenserfahrungen, nutzlos für die spirituelle Ebene.“[42] *Angeliki Anagnostou*

Inkarnation Erinnerungen an das vergangene Leben zurückbleiben. https://en.wikipedia.org/wiki/Meng_Po

Manche mögen sagen, die Reinkarnation sei ein falsches Konzept. Möglicherweise ist es das. Wenn Du auf dieser Seite der Diskussion stehen solltest, bitte ich Dich, dir etwas Zeit zu nehmen und darüber nachzudenken, ob die These dieses Buches wahr ist. Wie sehr würde das Deinen Glauben verändern, wenn es so wäre? Könnte es sein, dass ein guter Weg, die Reinkarnationsfalle am Laufen zu halten, darin besteht, ihre Existenz zu leugnen? Die meiste Zeit der letzten zwanzig Jahre war ich in Bezug auf die Reinkarnationsidee unentschlossen. In meinem Buch *Falling for Thruth* habe ich diese Idee sogar halb entlarvt. In dem Buch habe ich behauptet, dass wir alle ein Teil des Alleins sind. [Die Alleinheit, gelesen All-Einheit beschreibt die unteilbare Einheit allen seins, inklusive aller Wesenheiten, Welten und Universen] Demnach ist an keinem von uns etwas „Persönliches". Dennoch habe ich mich immer wieder gefragt, warum manche Menschen, insbesondere kleine Kinder, scheinbar lebhafte und vollständige Erinnerungen an ein sehr junges Leben in der Vergangenheit haben? Nach weiteren Untersuchungen bin ich zu der Überzeugung gelangt, dass die individuelle Reinkarnation mit fast 99,9prozentiger Sicherheit möglich ist.[13] Es gibt zu viele geprüfte Beweise von Menschen, die Zugang zu Informationen über das Leben einer längst verstorbenen Person haben. Diese Informationen konnten sie auf keine andere Weise erlangt haben, es sei denn, sie waren diese Person selbst. Die Frage muss lauten: Ist die Reinkarnation zu unserem Nutzen da? Ist es eine Art Schule, Evolution oder karmische Erfahrung, wie die Religionen und das New Age uns glauben machen wollen oder ist sie Teil einer Seelenfalle, wie eine Gruppe von Forschern jetzt darlegt?

Anfang 2022 habe ich ein YouTube-Video zu der Frage gemacht, ob diese Realität eine Schule oder ein Gefängnis ist. Es dauerte nicht lange, um zu erkennen, dass es sich nicht um eine Schule handelt, denn sonst würdest Du dich an Deine früheren

---

12 Anagnostou, Can You Stand The Truth? The Chronicle of Man's Imprisonment Last Call! Seite 213 (Übersetzt mit DeepL)

13 ch selbst habe besondere Erinnerungen an einige frühere Leben, zuletzt an einen deutschen Wehrmachtsoffizier, der 1944 in der Ardennenoffensive fiel.

Inkarnationen und die gelernten Lektionen erinnern. Ein wichtiger Aspekt, den die meisten Nahtoderfahrungen offenbaren, ist, dass die Rückkehr auf die Erde und in einen menschlichen Körper die oben erwähnte „Gedächtnislöschung“ beinhaltet.[14] Dies allein zeigt deutlich, dass dies kein Ort des Lernens und des Wachstums ist. Wenn Du eine Brennnessel ohne Handschuhe anfasst, wird Deine Hand verbrannt und es tut weh. Du erinnerst dich daran und wenn Du von nun an eine Brennnessel pflücken willst, wirst Du Handschuhe tragen. Das ist Lernen. Das Erinnern ist ein wichtiger Schritt in diesem Prozess. Wenn man jedoch in jeder Inkarnation zurückgehen muss, um die Brennnessel zu berühren, damit man herausfindet, dass sie brennt, dann ist das kein Lernen oder Wachstum, sondern Wahnsinn. Das ist unsere Realität.

Wenn wir in eine normale Schule gehen, erinnern wir uns wenigstens an das, was wir im letzten Jahr gelernt haben. Wir gehen nicht in die fünfte Klasse und vergessen alles aus den Klassen eins bis vier. Doch in dem Reinkarnationszyklus, dem wir zu unterliegen scheinen, wird nichts übertragen. Das Gedächtnis wird wieder ausgelöscht und alles wird vergessen sein. Dies führt dazu, dass das Leben als Mensch auf der Erde eine Täuschung ist. Wir werden vielleicht sogar dazu gebracht, Seelenverträge zu unterschreiben, die angeben, was mit uns geschehen wird (im Allgemeinen Formen des Leidens). Schmerz und Leid sind die ständigen Elemente dieser Welt (für alle Geschöpfe) zwischen den Momenten des „Nicht-Leidens“, die wie Orte zum Aufladen unserer Energiebatterie wirken können.

Die Fernsehserie *Westworld* (zumindest die erste Staffel) ist eine hervorragende Darstellung dieses Konzepts. Jedes Mal, wenn ein *Westworld*-Roboter „gestorben“ ist, wird er zur

14 Zugegeben, wie in einigen Fällen festgestellt wurde, erinnern sich einige Menschen an diese Leben, aber normalerweise nicht so detailliert wie meine Erinnerungen an 1944. Sie neigen dazu, in kleinen Stücken fragmentiert zu sein, wie ein Traum. Nur sehr kleine Kinder neigen dazu, detaillierte Erinnerungen zu haben, die mit zunehmendem Alter schnell verblassen. Vielleicht ist der Wisch beim Eintritt in das Leben nicht immer vollständig, sondern verblasst, wenn unsere Eltern und Lehrer uns dazu bringen, uns auf diese neue Lebenserfahrung zu konzentrieren und uns dabei helfen, die vorherige zu vergessen.

Missionskontrolle gebracht, um ihn zu säubern. Dabei wird auch das Gedächtnis gelöscht, so dass die letzte „Inkarnation" vergessen wird. Danach gehen die Roboter mit ihrer intakten Programmierung zurück in den Einsatz, damit sie erneut erschossen oder vergewaltigt werden können. Das ist ein wichtiger Grund für die Gedächtnislöschung vor neuen Inkarnationen. Wenn wir uns wirklich daran erinnern könnten, wie viel Leid wir ein Leben nach dem anderen durchgemacht haben, hätten wir unsere Reinkarnationen schon vor langer Zeit abgebrochen. Die Falle kann nur mit der Gedächtnislöschung funktionieren. Wir sind nur hier, um benutzt zu werden. Wofür genau wir benutzt werden (als Energiefutter für das System, wie die meisten vermuten oder als Unterhaltungselemente für nicht-menschliche Wesen, die in dieses Reich kommen oder als Experiment), lässt sich nur schwer nachprüfen.[15] Als die Erinnerungen von Dolores und Maeve an ihre Misshandlung in Westworld auftauchen, entwickeln sie eine neue innere Kraft, um aus dem Westworld-Gefängnis „auszubrechen".

Es scheint auch, dass der Körper, den wir bei der Reinkarnation erhalten, zufällig ist. Der gewählte Körper ist nicht wirklich ein Hinweis darauf, wie wir zuvor gelebt haben und er ist auch nicht mit moralischen Urteilen über uns verbunden. Was wir hier tun (ob wir nun gut oder schlecht sind), wird also keinen Unterschied machen, wenn wir zurück in die Matrix gesaugt werden[16] und in einen neuen Körper (oder sogar immer wieder in denselben Körper in einer Art ständiger Zeitschleife) gesteckt

15 Eine andere Erklärung für diese Reinkarnations-/Erinnerungslöschungserfahrung kann sein, dass wir nicht so sehr gezüchtet werden, sondern dass an uns experimentiert wird. Dieses Bedürfnis, frühere Leben zu vergessen, wäre auch wichtig, wenn man möchte, dass die Versuchspersonen bei jedem Durchlauf des Experiments nur aus dem Moment heraus handeln. Man darf die Versuchspersonen nicht wissen lassen, was vor sich geht, da sonst die Daten verfälscht werden

16 Begriff, der sich auf den gleichnamigen Film von 1999 bezieht, in dem behauptet wird, dass unsere Realität ein falsches Konstrukt ist, ähnlich wie das Konzept der Höhle bei Platon. Der Begriff Matrix als falsche Realität wurde jedoch schon lange vor dem Film verwendet, wie aus den Büchern über die Realitätsfalle mit diesem Titel von Val Valerian aus dem Jahr 1990 hervorgeht.

werden. Das bedeutet, dass Reinkarnation stattfindet, weil wir dazu verleitet werden, den Zyklus fortzusetzen (in gewissem Sinne stimmen wir am Ende zu), aber wir kommen nicht zurück, um irgendetwas zu lernen oder zu wachsen, sondern nur, um für eine weitere Runde für die Energieernte recycelt zu werden. Wie man lebt, macht wirklich keinen Unterschied (und zerstört damit die Idee des Karmas), nur wie man glaubt, gelebt zu haben. Wenn Du genug unanständige Dinge in deiner Vergangenheit getan hast, wird das zu einem größeren Element für dich, damit Dir gesagt wird, dass Du zurückgehen musst. Man wird Dir wahrscheinlich vorwerfen, dass Du ein schlechter oder unanständiger Mensch warst.[17] Je freundlicher und mitfühlender Du also warst, desto weniger wird in der Lebensbilanz zu erwarten sein. Das wird noch schwieriger, wenn wir anfangen zu erkennen, dass viele Momente unseres Lebens direkt von parasitären Wesenheiten manipuliert werden. Eve Lorgen hat zu diesem Thema ein ausgezeichnetes Buch mit dem Titel *Alien Love Bite* geschrieben.

Außerdem, wenn jemand tausend Leben gelebt hat, muss er doch inzwischen alles gelernt haben? Wenn man bedenkt, dass die meisten dieser Leben mit intensivem Leid verbunden waren, braucht man dann wirklich 997 von 1000 Leben voller Schmerz, um zu lernen? Ich weiß nicht, wie es Dir geht, aber ich habe in der Schule besser von Lehrern gelernt, die freundlich waren, sich Zeit für mich nahmen und mich ermutigten, kreativ zu sein und nicht von jemandem, der mir ständig mit einem Stock auf den Kopf schlug. Der Planet Erde ist das Land der Knüppelhiebe. Wenn man bedenkt, wie sich 2020-2022 entwickelt hat, kommen immer mehr Menschen zu dieser Erkenntnis. Diese Falle scheint kurz nach dem Tod zuzuschnappen. In diesem sehr verwirrten Zustand ist die Seele noch verletzlicher. Nur wenige haben sich in ihrem Wachleben die Zeit genommen, luzides Träumen oder Astralreisen zu erlernen. Damit ist gemeint, zu lernen, wie sie ihr Bewusstsein jenseits ihres physischen Körpers halten können. Und so wird der Durchschnittsmensch in der Welt nach dem Tod in eine Erfahrung hineingezogen, ähnlich wie bei einem Traum, in dem wir

17 Auf die Bedeutung der Rekapitulation werde ich in Kapitel zwei und vier eingehen.

mitgerissen werden, egal wie seltsam er ist. Die Falle wird bereits durch den Mangel an Bewusstsein in unseren Träumen aufgestellt. Carlos Castaneda hat viel Arbeit in die Bewusstheit in unseren Träumen gesteckt, als einen Schlüsselteil der gesamten Arbeit. Ich beginne wieder mehr zu verstehen, warum das so ist.

Viele Nahtoderfahrene haben einen so genannten Lebensrückblick erfahren. Dabei wird unser früheres Leben in einer Weise dargestellt, die meist zeigt, wie „schlecht" oder „selbstsüchtig" wir gewesen sind. Einige Nahtoderfahrene haben sogar mit Räten verhandelt, die ihr Schicksal erörtert haben. Die Seelen wurden zum Teil auch zur Unterzeichnung von Verträgen genötigt. Dann erscheint das weiße Licht, oft mit einer liebevollen Gestalt als Führer und die Person tritt ein. Irgendwie besiegelt diese Bewegung hin zum Licht unser Schicksal. Wir befinden uns wieder im Kreislauf. Wir werden vielleicht nicht sofort reinkarnieren, manche meinen, es könnten dreißig Erdenjahre des Wartens sein und nicht unbedingt in himmlischer Umgebung.[18] Wohin also, wenn nicht ins weiße Licht, wohin sollen wir gehen? Wir werden darauf zurückkommen.

Um zu wissen, was im Reich nach dem Tod zu tun ist, müssen wir uns vorbereiten, während wir noch in diesem Reich sind. Es ist tatsächlich eine der wichtigsten Praktiken, während man im Körper ist. Sie wird aber tendenziell gegenüber den Standardpraktiken der Meditation, des Yoga und der Achtsamkeit heruntergespielt. Wenn ein Mensch endlich erkennt, dass diese Welt nicht darauf ausgerichtet ist, uns zu helfen oder uns unsere Wünsche zu erfüllen, sondern dass sie eine Farm ist, die unsere Energie erntet, können wir einen Wandel vollziehen. Wir hören auf, uns darauf zu konzentrieren, wie wir wichtig werden können und nutzen unsere Zeit, um uns auf den Moment vorzubereiten in dem eine Flucht möglich ist. Man muss sich zu Herzen nehmen, wie man lebt und in diesem Leben nichts bedauern (denn

18 Einige haben behauptet, dass diese Wartepunkte astrale Städte sind, in denen archontische Wesen die wartenden Seelen in einer Art totalitärem Polizeistaat der Kontrolle und Unterwerfung halten. Siehe die Videos des YouTube-Kanals "Free At Last" und die Werke von Wes Penre für weitere Informationen.

Bedauern kann ein Mittel sein, um uns zur Rückkehr zu verleiten). Es geht nicht darum perfekt oder ein Heiliger zu werden. Es geht darum, dieses Leben zu nutzen, um alles zu klären und dem Demiurgen zu überwinden. Wenn du das nicht tust, wirst du nach einer Gedächtnislöschung à la Westworld sofort wieder hier sein. Ganz gleich, wie weit man sich im letzten Leben entwickelt hat, im neuen Leben steht man wieder am Anfang und weiß wieder nichts. All das „erhabene Wissen“, an das wir zu glauben gelernt haben (entweder aus Büchern oder von Menschen, die wir zu bewundern gelernt haben), hat nur für den Moment einen Wert.

Kapitel zwei enthält eine vollständige Analyse der Allegorie von Platons Höhle. Diese wird gewöhnlich als Symbol für das Gefängnis in einem Reich der Illusion verstanden. Wenn Platons Höhle in Büchern erwähnt oder in Filmen symbolisiert wird, geht es im Allgemeinen darum, wie man seine Erfahrungen mit der illusionären Höhle verbessern kann. In diesen Büchern wird erörtert, wie man seine Gedanken ändert, Kontrollsysteme durchschaut, Regierungswechsel oder ein Leben außerhalb des normalen Handelssystems anstrebt, vielleicht auf einem Bauernhof auf dem Lande. Wie Du dein Gefängnisleben angenehmer gestalten kannst. Auch wenn das Lernen in der Traumwelt anders zu funktionieren einen gewissen Wert haben mag, solange Du dich in diesem materiellen Bereich, im Astralbereich, im Überengelbereich oder sogar in der Leere befindest, bist Du immer noch in Platons Höhle. Was die Analyse von Platons Höhle nicht aufzeigt, ist, wie man die Höhle VERLASSEN und diesem Recycling-Schlachthaus vollständig entkommen kann.[19]

Es scheint, dass man die Höhle niemals wirklich verlassen kann, solange man noch in einem materiellen Körper oder gar einem Astralkörper ist. Wie verlässt man ein Reich, das so eingerichtet ist, dass es fast niemand verlässt? Wie es in dem Lied

---

19 Zugegeben, ein paar Leute wie Mark von "Forever Conscious Research" (YouTube-Kanal) geben Anregungen, wie man sich darauf vorbereiten kann, „mit diesem Ort fertig zu werden", aber diese Stimmen sind in der Masse der Informationen da draußen nur wenige.

Hotel California (in dem es um die Reinkarnationsfalle geht) heißt: „*You can check out any time you like, but you can never leave.*“[20] [Du kannst jederzeit auschecken, aber du kannst niemals gehen.] Mir ist erst vor kurzem klar geworden, dass viele der Lehrer, zu denen ich mein ganzes Leben lang aufgeschaut habe, es nie aus der Höhle herausgeschafft haben. Trotz all ihres vermeintlichen Wissens, ihrer heilenden Fähigkeiten und ihrer Verbindung zum Einssein, haben sie die Tricks und Täuschungen dieser Welt nicht durchschaut. Sie sind direkt wieder hierher zurückgebracht worden. Die vermeintlich großen Fluchthelfer haben nie wirklich gewusst, wie sie entkommen können. Das kann eine schockierende Erkenntnis für diejenigen sein, die ihre Lehrer in unhinterfragbare Höhen gehievt haben.

Wenn wir uns die Metapher zu Eigen machen, dass der Demiurg, der Schöpfer dieser Welt, mit einem riesigen Supercomputer verglichen werden kann, der von einer KI-Intelligenz betrieben wird, dann könnten wir uns als individuelle PCs betrachten. Wir sind mit diesem Supercomputer verbunden und wir können nicht nur von ihm herunterladen, sondern er kann auch etwas in uns hochladen. Genauso wie wir keine Ahnung haben, was das Internet und die Cookies auf unseren eigenen Heim-PCs ablegen, haben wir keine Ahnung, wie oft das Demiurg - System Manipulations-Cookies in uns ablegt. Um bei der Metapher zu bleiben: Es macht keinen Sinn, unseren PC zu verändern oder einen neuen PC zu kaufen. Wir müssen lernen zu nutzen was wir gerade haben, um im Reich nach dem Tod navigieren zu können, nämlich im Inneren eines Supercomputers. Die gute Nachricht ist, dass wir auch einen Funken [Spark] von etwas in uns haben, welches nicht Teil des KI-Systems ist. Wir könnten dies die Seele nennen. Aber was ist eine Seele und wenn sie gefangen wurde, wie ist sie gefangen worden?

Man muss sich ansehen, was eine Seele ist und sich fragen, ob sie wirklich gefangen ist? Vielleicht ist es unsere Essenz oder unsere spirituelle Natur, die gefangen ist und durch einen Trick in

20 Siehe http://www.trickedbythelight.com für Wayne Bushs vollständige Analyse dieses Liedes.

diese künstliche Welt gelangte. Woher kommt also diese Sache mit der Seele? Ich sehe sie jetzt als eine Art Brücke zwischen der Essenz die sich außerhalb dieser Realität und der falschen materiellen und astralen Welt befindet. Angelika Anagnostou kommentierte auf ihrer Website *Can you stand the Thruth*, dass der Demiurg, nachdem er die Essenz in seine neue Schöpfung gelockt hatte, sie in dem Konstrukt verfestigen musste. Er tat dies, indem er die Seele erschuf. Das ist eine echte Wendung, da die Seele im Allgemeinen als das realste „Wir" dargestellt wird. Und das ist sie gewissermaßen und ist es auch nicht. Sie behauptet, der Demiurg habe das Stück Essenz genommen und es mit Energie kombiniert. Die Seele ist die erste Falle, enthält aber gleichzeitig genau den Teil, der uns befreien soll (das Stück Essenz). Als dichtere Formen der Materie geschaffen wurden, wurde diese Seele in die verschiedenen astralen, ätherischen und schließlich materiellen Körper gelegt, um die Falle zu verstärken.

Das könnte der Grund sein, warum der Demiurg und die Archonten meinen, sie könnten unsere Energie ernten, denn sie waren es, die uns die „Energie"-Komponente, unserer „Form" gegeben haben. Das heißt, dass diese ständige Manipulation und das Ernten der Energiekomponente unserer Essenz nicht erlaubt frei zu sein und als solches ist es böse. Das ist der Punkt, an dem wir ein Level über dem Demiurgen erreichen, die Essenz ist gut. Wir müssen zum Punkt der Seele zurückkehren, aber nicht um dort zu bleiben, sondern um sie vollständig zu beherrschen und die fremde Energiekomponente freizusetzen. Dies könnte die Konzepte von Carlos Castaneda widerspiegeln, nämlich vollständig als Essenz zurück zu bleiben, wobei alles Falsche (einschließlich der Seele) fallen gelassen wird. Es ist die Essenz, die durch das „Nadelöhr" hinausgehen wird. Nichts aus der Traumwelt kann die Barriere passieren. Ich behaupte nicht, dass die Theorie richtig ist oder dass irgendjemand daran glauben sollte, aber es ist etwas, das als Erklärung für all die Fallen, die wir erleben, so möglich erscheint, dass ich es hier vorstelle und in zukünftigen Untersuchungen darauf zurückkommen werde. Ab diesem Punkt im Buch kannst Du die Worte „Seele" und „Essenz", auf die ich mich beziehen möchte, als fast gleichwertig ansehen (der Teil von uns, der absolut rein und von außerhalb dieser simulierten Reiche ist).

Wenn wir uns auf die Suche nach Antworten auf die Frage machen, wie wir aussteigen können, werden wir feststellen, dass es einige Gruppen und Einzelpersonen gibt, die ihr Leben in einer Weise führen, die dies ermöglicht. Wir sind nicht die ersten Menschen, die diese Realität studieren und nach diesen Antworten suchen. Die Gnostiker sind eine solche Gruppe gewesen, auf die ich in Buch 2 eingehen werde. Eine andere Gruppe waren die Katharer. Warum ist das Studium einer Gruppe von Menschen die im 13. Jahrhundert ermordet wurden wichtig? Die Katharer glaubten vor allem, dass diese Welt von einem bösen Gott (Rex Mundi) erschaffen wurde. Jener hielt sie in einem Reinkarnationszyklus fest und dass ihr einziges Ziel in diesem Leben darin bestand, ihm zu entkommen. Den Katharern ging es nicht darum, diesen Ort besser zu machen, neue Formen der Regierung oder des Handels zu finden oder sonst etwas in der Art. Ihr Ziel war es, dem bösen Reich des Rex Mundi für immer zu entkommen und nach Hause zum Vater zurückzukehren.[21]

Die Menschen praktizieren seit langem alle möglichen spirituellen Übungen: Sie erhöhen ihre Schwingungsfrequenz, stimmen ihre Chakren, rezitieren ihre Mantras, machen ihre Yogaübungen, ernähren sich vegetarisch, schließen die Augen und meditieren eine Stunde lang. Und was hat es irgendjemandem gebracht? Ist die Welt heute besser als vor 50 Jahren? Eigentlich kann man behaupten, dass es viel schlimmer geworden ist und weiterhin wird. Wie sieht es mit den Menschen selbst aus? Hat

21 Ein weiterer zentraler Glaube der Katharer war, dass die Menschen ursprünglich Seelen waren, die mit dem Vater verbunden waren, dass der Demiurg sie aber dazu brachte, in die Materie zu kommen, wo sie immer wieder reinkarnieren mussten. Die Aufgabe der Katharer bestand darin, auf eine bestimmte Art und Weise zu leben, um den Reinkarnationszyklus zu stoppen, in dem sie sich befanden, solange sie ihren Fokus von den Schöpfungen des Rex Mundi (der für sie alles war) fernhielten. Das ist die einfache Version - es gibt noch viel mehr, einschließlich der Art und Weise, wie sie Jesus und die Magdalena, Johannes den Täufer, die Bibel, die Gleichberechtigung der Frauen betrachteten; sogar, dass sie die rechtmäßigen Besitzer eines Objekts/Wissens waren, das als Heiliger Gral bekannt ist.

jemand, der diese ganze Arbeit macht, wirklich eine innere Veränderung durchgemacht? Sie fühlen sich vielleicht besser, aber was bleibt übrig, wenn man die untere Schicht der Täuschung, die sie bedeckt hat, abnimmt? Können sie die Realität tatsächlich so verändern und kontrollieren wie sie glauben oder sind sie immer noch der Gnade von Kräften ausgeliefert zu denen sie immer wieder beten müssen? Sind sie eher bereit zu sterben und wissen was sie tun müssen um sich im Jenseits zurechtzufinden oder haben sie die mögliche Wahrheit eingetauscht, um sich in einem vorgetäuschten Zustand der Liebe, des Lichts und des Wohlbefindens zu befinden? Was hat einen Wert und was ist nur ein "Spiel im Spiel"?

In diesem Buch geht es zwar darum, zu verstehen, was der Übergang nach dem Tod für uns bereithält, aber es soll nicht heißen, dass Du die materielle Welt ignorieren sollst. Ich werde nicht sagen, dass Du aufhören sollst zu essen, Sex zu haben oder zu arbeiten, um Deine Situation in dieser Realität zu verbessern. Ich werde auch nicht das, was man spirituelle, religiöse oder schamanische Praktiken nennt, als schlecht bezeichnen. Wir machen eine Erfahrung in einem materiellen Körper, ob wir nun hierhergelockt wurden oder nicht und diese Körpererfahrung kann nicht ignoriert werden. Es ist nichts falsch daran zu lernen, wie man hier besser funktioniert. Ich bin froh, wenn ich weiß, welche Kräuter und Akkupressurpunkte ich verwenden kann, wenn es mir nicht gut geht. Schamanen aus einheimischen Kulturen können erstaunliche Heilungen durchführen und sogar Veränderungen in der materiellen Welt bewirken.[22] Das Problem ist, dass die Menschen ihre ganze Aufmerksamkeit auf die materielle Welt richten, darauf, wie sie sie kontrollieren, von ihr profitieren oder sie reparieren können. Aber kann eine Videospielfigur das Videospiel wirklich verändern? Auch der Weg aus Platons Höhle kann nicht grundlos sein. Wir können nicht einfach wie Peter Pan davonfliegen und die Welt ignorieren. Es muss einen ausgewogenen Ansatz geben.

---

22 Die Bücher von Tomas Mails über Fools Crow sind ausgezeichnete Quellen für das, was in der physischen Realität "gemacht" werden kann.

„(Amun-Ra) ist der wahre Gott hinter allem, ein binäres KI-Programm galaktischen Ausmaßes... der Königspriester ist die Überlagerung der falschen männlichen Gottheit, um das göttliche weibliche Prinzip zu beherrschen und zu kontrollieren... Die Geomantie der energetischen Kontrolle auf globaler Ebene ist nichts anderes als das systematisierte Programm der Numerologie, der Geometrie, der Astrologie und vieler anderer mathematisch basierter Systeme, die der Welt als mystisch, heilig und göttlich präsentiert wurden, obwohl sie in Wirklichkeit nichts anderes sind als die zugrunde liegenden Systeme zur Kontrolle unseres Bewusstseins und dieser Welt. Das Beharren auf den Glaubenssystemen, die über Jahrtausende hinweg als heilig oder göttlich dargestellt wurden, ist nur eine weitere Methode der Kontrolle. Diese Systeme sind fest mit dem System der legalen und monetären Knechtschaft verdrahtet.‘[23] *Kenneth Scott*

Eine weitere Sache, die offensichtlich werden sollte, wenn man sich diese Realität ehrlich ansieht, ist, wie leicht wir alle getäuscht werden. Wenn man sich einmal vergegenwärtigt, dass alle großen Organisationen (sei es die Regierung, die Medien oder die Werbung) von Menschen geleitet werden, die darin geschult sind, zu täuschen und zu manipulieren, dann wird klar, was aus unserem Reich geworden ist. Ist es nach dem hermetischen Prinzip „wie oben, so unten“ eine Überraschung, dass das Astralreich nach dem Tod ein Reich der reinen Täuschung sein wird? Wenn Du dir nicht sicher bist, wie sehr die Menschen in diesem Bereich getäuscht werden, kannst Du diese kleine Geschichte von Sherwood Schwartz lesen. In den 1960er Jahren war Schwartz einer der führenden Fernsehproduzenten mit einer Reihe von Erfolgsserien wie *Gilligans Insel* (die Geschichte von sieben gestrandeten Schiffbrüchigen auf einer einsamen Insel im Pazifik, die es nie schaffen, die Insel zu verlassen). Eines Tages stattete ihm die US-Küstenwache mit Stapeln von Telegrammen einen Besuch ab. Sie

23 Überblick über das System der Weltknechtschaft und der Trennung vom Leben. Obwohl Ken das ursprüngliche Oberhaupt der Enneade, Annu nannte, ein Name, der sich eigentlich auf die antike Stadt Heliopolis bezieht, über der das Stadtzentrum von Kairo erbaut wurde.

erzählten Schwartz, dass die Nachrichten an Stationen der US-Marine und der Küstenwache von Küste zu Küste geschickt wurden. Schwartz begann sie zu lesen und war schockiert. Sie hatten alle ein ähnliches Thema: „Liebe US-Marine, ihr gebt Millionen aus, um Flugzeugträger in den Pazifik zu schicken, aber könnt ihr nicht ein einziges Schiff entbehren, um diese sieben gestrandeten Amerikaner von dieser Insel zu holen. Sie sind verschollen und dem Hungertod nahe. Bitte gehen Sie und holen Sie sie." Dies war kein Brief von einem Verrückten oder ein Scherz. Tausende dieser Briefe wurden von normalen Amerikanern verschickt, die dachten, die Fernsehserie *Gilligans Insel* sei echt. Sie konnten den Unterschied zwischen einer Fernsehsendung und der normalen Realität nicht erkennen. Wenn Sie glauben, dass das nur die rückständigen Menschen der 1960er Jahre waren, sollten Sie sich vor Augen halten, dass der Durchschnittsbürger heute zu einem Roboter geworden ist, der das tut, was ihm ein paar Leute in Anzügen auf einem Fernsehbildschirm während einer Nachrichtensendung vorschreiben. „So geht das", um Kurt Vonnegut zu paraphrasieren.

Die Standardvorstellung ist, dass diese Welt von einem liebenden Gott geschaffen wurde, der sich um uns kümmert. Passt das wirklich zu Ihrer Erfahrung mit der Welt und zu den Erfahrungen derer, die Du um dich herum siehst? Wie könnte eine liebende Gottheit nicht eingreifen und helfen, sondern all das massive Leid auf der Erde weiterhin zulassen? Vielleicht weil der Schöpfer, wer auch immer es ist, das Leiden will. Deshalb greift er nicht ein. Diese ganze Gott liebt uns/mich Erzählung ist eine große Lüge, unter der alle Religionen und das New Age gefangen sind. Sie finden Wege, um die Qualen dieser Welt in eine „wunderbare Botschaft und das Lernen vom Licht" zu verwandeln. Glaubst Du wirklich, dass Gott will, dass ein achtjähriges Kind verprügelt wird, ein Mädchen vergewaltigt oder ein Hund von seinem Besitzer gequält wird? Eine sorgfältige Untersuchung würde zeigen, dass der Demiurg/Satan das will.

Die Vorstellung, dass „Gott uns liebt", ist ein wichtiger Grundpfeiler auf dem diese gesamte Matrix aufgebaut ist. Es ist ein so starkes Fundament, dass viele Menschen sogar wütend und gewalttätig werden, wenn man etwas anderes behauptet. Wenn sich dieser Glaube tatsächlich als falsch erweisen würde, müsste auch jede andere Verbindung zu dieser Realität in Frage gestellt werden. So ist der „Gott liebt mich“-Glaube eine der am schwersten zu knackende Nüsse. (Daher wird dieses Buch radikal bis zum Äußersten und ketzerisch bis ins Mark sein. Nichts ist heilig oder tabu, denn wenn alles, was uns gesagt wurde, eine Lüge ist, dann haben wir keine Grundlage).

Dies ist eine leidende Höllengrube. Selbst die wenigen, die nicht so aussehen, als würden sie leiden, werden, wenn man sie dazu bringt, ehrlich zu sprechen, erfahren, dass sie von Schuld und Scham geplagt sind, die sie nach außen hin nie zeigen. Alle anderen haben mit Leiden und Schmerz auf einer viel höheren Ebene zu tun. Viele werden versuchen, es zu rechtfertigen: „Oh, Gott will meinen Schmerz, damit ich etwas lerne (vielleicht über die Liebe), damit er mich lehrt oder mich antreibt, ein neues Leben zu beginnen.“ Nein! Seien wir ehrlich. Dies ist eine leidende Grube der Hölle. Es war schon immer eine leidvolle Hölle und wird es immer sein. Wenn Du das nicht begreifst, bist Du über das Einzige, was Du hier wirklich lernen musst, ziemlich in die Irre geführt worden.

Man könnte auch behaupten, dass unsere Realität verrückt ist. Wenn wir die Dinge im Jahr 2022 ehrlich betrachten, dauert es nicht lange, bis wir zu diesem Schluss kommen. Doch diese Welt war schon immer verrückt, solange wir hier sind, nur in unterschiedlichem Maße. Die Hoffnung war, dass es in der Vergangenheit eine Zeit gab, in der die Dinge anders waren, aber das ist vielleicht nur Wunschdenken. Wenn man vollständig versteht, was diese Realität ist und wie sie geschaffen wurde, wird diese verrückte Welt einen Sinn ergeben. Sie kann niemals wirklich vernünftig sein. Aber ihr könnt es!

„Nichts passiert. Niemand kommt, niemand geht. Es ist furchtbar.“ Samuel Beckett, Warten auf Godot

Viele warten darauf, dass ihr Erlöser erscheint. Für manche ist es eine religiöse Figur wie Jesus, Buddha oder Krishna. Millionen warten auf Donald Trump, der sie retten wird. Für andere ist es eine Verschiebung in eine höhere Dimension, die sie retten wird, während einige Andere glauben, dass wir uns in einer niedrigen Phase befinden, die Kali Yuga genannt wird und dass diese ganze Welt bald an einem besseren Ort sein wird. Allerdings muss man sich fragen, wozu das alles gut sein soll, wenn der Zyklus im nächsten Kali Yuga in 26.000 Jahren ohnehin wieder zum Leiden zurückkehrt. Diese Art des Denkens ist nur ein „Ich will mich jetzt gut fühlen"-denken. Die Zyklen sollten jedoch nicht völlig ignoriert werden, vor allem nicht im kleinen Maßstab. Es ist hilfreich zu wissen, was die „Zeichen" in den kommenden Wochen oder Monaten ankündigen, um richtig vorbereitet zu sein. Je früher man weiß, dass sich ein Hurrikan der Küste nähert, desto mehr Zeit hat man, darauf zu reagieren. Aber wenn es um die größeren Zyklen geht, hat es keinen Sinn, auf etwas zu warten, das 10.000 Jahre in der Zukunft liegt, wenn Ihr Plan nicht darin besteht, dafür „Da" zu sein.

Warten auf Godot von Samuel Beckett ist ein geniales Stück. In dem Stück stehen die beiden Hauptfiguren auf der Bühne und warten auf Godot. Und am Ende des Stücks warten sie immer noch. Sie sagen immer wieder: „Er hat versprochen, zu kommen" und so warten sie weiter. Das ist derselbe Trick, der allen in Bezug auf die Retter vorgespielt wird. Das Stück deutet an, dass irgendwann in der Zukunft ein Retter kommen wird, aber niemals jetzt. Alle werden einfach abwarten, hoffen und beten.

Das Gebet ist ein Bereich, mit dem ich mich seit einiger Zeit beschäftige. Macht uns das Beten nur zur „Beute"? Wohin gehen unsere Energie und unser Fokus bei dieser Praxis? Es scheint, als ob das Gebet nur dazu dient, unsere eigene Autorität auf eine äußere Kraft zu übertragen, in der Hoffnung, dass sie uns mag und uns etwas gewährt, so dass wir weiterhin versuchen, dem Puppenspieler zu gefallen. Und wenn unser Gebet nicht erhört wird, sagen wir einfach: „Es ist Gottes Wille". Nun, wenn es Gottes Wille ist, warum beten wir dann überhaupt? Mehr noch:

Woher wissen wir, zu wem oder was wir beten?[24] Das ist eine der entscheidenden Informationen, über die fast niemand nachdenkt. Sind es Engel, Geistführer, liebevolle Tote, glückliche Außerirdische, Gott, Jesus oder Ashtar Command? Sind die Kommunikatoren böse, parasitäre Wesen, die Meister der Verkleidung und Täuschung sind? Du sagst, Du hättest mit einem Engel oder einer religiösen Figur gesprochen, aber woher weißt Du das wirklich? Wenn Du betest, woher weißt Du dann, wohin Deine Absicht und Deine Energie gehen? Je mehr wir unsere Energie auf Dinge außerhalb von uns selbst richten, desto mehr können uns diese Wesen manipulieren und unser Leben viel, viel schlechter machen. Was ist falsch daran, zu sich selbst zu beten? Vertraue auf Deine eigene innere Kraft.

Eine große Veränderung wird eintreten, wenn ihr erkennt, dass ihr keinen Retter braucht und auch nicht zu irgendetwas außerhalb von euch beten müsst. Ihr, d.h. der Essenzteil eurer Seele, seid das Mächtigste in dieser Schöpfung. Deshalb ist das System so aufgebaut, dass es ablenkt, verwirrt und täuscht. Denn wenn ihr all diese Energie, die immer auf etwas außerhalb von euch gerichtet ist, nach innen lenkt, dann gibt es eine Explosion der Macht. Diese Kraft kann dann genutzt werden, um all die Systeme und Tricks außer Kraft zu setzen, die euch hier festgehalten haben.[25] Wenn du lernst, dass der einzige Retter, den du brauchst, du selbst bist und dass das einzige Gebet, dass du jemals sprechen musst, das zu deinem Wahren Selbst ist, ist der Ausgang näher.

Wenn man die Höhle verlassen will, muss man das auch wirklich wollen. Das ist das erste Problem. Nur wenige wollen WIRKLICH aussteigen. Es mag viele Dinge geben, die ihnen an der Höhle nicht gefallen, aber sie glauben immer noch, dass die Dinge anders, besser oder glücklicher sein können. Andere sind so

---

24 Diese Frage nach dem Willen Gottes kommt in der Tat in seltsamer Weise zum Tragen, wenn es um ein juristisches Dokument geht, das als "Testament" bekannt ist.

25 Es ist ein Grund für das Studium von Qi Gong und Yoga, wenn man seine ganze Aufmerksamkeit nach innen richten kann, wenn die Explosion der Energie durch die Wiedererlangung der eigenen Kraft geschieht, weiß man, wie man damit umgehen kann.

sehr davon überzeugt, dass sie nach ihrem Tod bei Jesus oder ihrer toten Großmutter leben werden, dass sie nicht mehr über die Realität oder den Tod nachdenken müssen. Die Seele bekommt mit jeder Reinkarnation eine Art von Sucht. Sie lernt nur noch das Materielle kennen und vergisst das Spirituelle, wie ein Spielsüchtiger, der nur noch die „nächste Wette" sehen kann und hofft, dass seine Glückszahl einen großen Gewinn „auszahlt". Wie Du sehen kannst, haben die meisten ihren Weg bereits beendet, bevor sie ihn überhaupt begonnen haben.

Wenn wir uns mit Platons Höhle befassen wollen, dann ist die Allegorie selbst das Erste, was untersucht werden muss. Ich habe festgestellt, dass die Geschichte gar nicht so nützlich ist. Sie trägt wenig dazu bei, unsere Realität oder Situation zu erklären. Tatsächlich fehlen ihr die Meisten der wichtigsten Elemente. Lass uns die Geschichte mit neuen Augen betrachten. Was sagt die Allegorie von Platons Höhle wirklich aus und was, wenn überhaupt, ist von Wert?

„Wir befinden uns in einem spirituellen Krieg und Platons Höhle ist das Schlachtfeld". Dave Scott, Kommentar zu einem YouTube-Video

Platons Höhle

Ich bin in einer Falle gefangen, ich kann nicht raus ...

„Wir können sagen, dass wir nicht in der Welt geboren sind. Wir werden in etwas hineingeboren, das wir in eine Welt verwandeln." Michael Talbot[26]

Eine der bekanntesten antiken Geschichten, welche den modernen spirituellen Studenten bekannt ist, ist die von Platons Höhle. Sie befindet sich im Buch *Republik* und handelt von einer Diskussion zwischen Platons Lehrer (Sokrates) und Platons Bruder (Glaukon). In dieser Diskussion beschreibt Sokrates die Realität mit der Metapher einer Höhle. Was so viele spirituelle Suchende noch nicht erkannt haben ist, dass diese Allegorie lediglich die Hälfte einer Erklärung von irgendetwas ist. Es ist im Umkehrschluss tatsächlich wichtiger, all das ergänzend zu untersuchen, was Platons Weisheit nicht mit einbezogen hat, als das was er einbezogen hat.

Das diese Metapher von Platon eine so hohe Wertschätzung entgegengebracht wird, obwohl diese so wenig abbildet, ist an sich schon bezeichnend. Gab es womöglich eine längere Originalversion (wie ich vermute), die im Laufe der Zeit von den Machthabern auf das reduziert wurde, was wir davon jetzt noch zur Verfügung haben?

Ist dies also dann nur noch eine Erzählung über die Höhle selbst geworden, nicht aber eine Geschichte wie diese Höhle endgültig verlassen werden kann? Dies wiederum könnte den Eindruck erwecken, dass es nur eine Mär über die sogenannte

---

26 (https://www.ebook.de/de/product/11823615/michael_talbot_the_holographic_universe.html) http://www.vixri.ru/d2/TALBOT_M.%20_Das%20holographische%20Universum.%20die%20Welt%20in%20neuer%20Dimension.PDF

Freiheit wäre. Jedoch in Wahrheit nur eine weitere sogenannte fragmentierte Weisheitslehre ist, welche in eine andere Form der Fortsetzung der Sklaverei und Knechtschaft münden würde.

Das Gespräch in der Republik[27] von Platon beginnt damit, dass Sokrates Glaukon bittet sich eine Höhle vorzustellen, in welcher Gefangene leben, die seit ihrer Kindheit angekettet sind und festgehalten werden. Sie sind nicht nur an ihre Sitze gekettet, sondern ihre Köpfe sind auch derart festmontiert, sodass diese nur die Wand direkt vor sich sehen können. In dieser Geschichte existiert ein riesiges Feuer hinter den Gefangenen und es gibt auch einen Gang vor dem Feuer, an dem diese Menschen und Tiere vorbeigehen, um Schatten auf die Höhlenwand zu werfen. Geräusche werden außerdem von den Höhlenwänden reflektiert, sodass es so aussieht und wahrgenommen wird, als würde es sich um die Geräusche der Schattenobjekte handeln. Wenn diese Gefangenen die projektierten Schatten an der Höhlenwand sehen glauben sie, dass es sich um echte Lebewesen handelt[28].

Die erste Hürde bei dieser erzählten Geschichte Platons ist, dass niemand die grundlegenden Fragen stellt.

- Wer sind diese Gefangenen?
- Woher kommen sie?
- Warum wurden sie zu Gefangenen?
- Warum wurden sie in diese Höhle geschickt und nicht in ein Kriegsgefangenenlager oder ein Gefängnis?

Sicherlich deutet die Analogie darauf hin, dass wir die Gefangenen sind. Wir müssen nicht nur herausfinden, wie die Kinder der Analogie zu Gefangenen werden, sondern wir müssen uns auch klar fragen:

- Wie wurden wir zu Gefangenen?
- Gefangene von was oder wo?

---

27 http://gnosis.org/naghamm/plato.html
28 https://youtu.be/d2afuTvUzBQ?si=udy6sLQubRqS_Lyk

Eine weitere fehlende Frage ist, wer die Wesen sind, die diese Täuschung kontrollieren.

- Was haben sie davon?
- Warum sollte man sich die ganze Mühe machen, die Rampe, das Feuer und die Schattenobjekte zu bauen und dann den ganzen Tag damit verbringen, ein paar Gefangene zu täuschen?
- Warum geben sie sich so viel Mühe?

Auch hierauf wird nicht einmal hingewiesen.

Diese mögen zunächst wie geringfügige Auslassungen dieser Geschichte erscheinen, aber wenn man weiter und tiefer darüber nachdenkt, erkennt man, dass es sich um wichtige, zentrale und bedeutsame Auslassungen handelt. Möglicherweise sind diese nicht zufällig entstanden. Diese Allegorie könnte möglicherweise auch geschaffen worden sein, um uns zu täuschen. Die Gefangenen konzentrieren sich auf die Höhlenwand und nicht auf die tatsächliche Realität, während sich der Leser darauf konzentriert, der Geschichte zu vertrauen und nicht zu prüfen ob die Allegorie die sie lesen, eine Art Täuschung ist. Ich hoffe daher, dass ich im Verlauf dieses Buches Einblicke in diese fehlenden Teile von Platons Höhle bringen kann.

Die Art und Weise wie Sokrates (seine Allegorie) erläutert, wie die Schatten auf der Wand erzeugt und projiziert werden, macht die Höhle zu einer nahezu perfekten Schilderung eines modernen Kinos. Die Höhlenwand ist die Leinwand, die Objekte sind der Film, das Feuer ist das Projektionslicht und die widerhallenden Geräusche sind die Filmlautsprecher.

Allerdings, anstatt sich nur eine große Leinwand vor dem Theater vorzustellen, wäre es jedoch besser sich vorzustellen, dass die Schattenbilder auf eine 360-Grad-Leinwand projiziert werden. Mit anderen Worten: ein Erlebnis welches die Gefangenen in alle Richtungen, auch nach oben und unten, umgibt. Wie Sokrates andeutet, würde man davon ausgehen, dass die projizierten Bilder und Geräusche völlig real sein müssen, da dies ja die einzigen Bilder und Geräusche sind, welche die Gefangenen jemals zu sehen und hören bekamen.

Sokrates macht dann einen interessanten Vorschlag. Was wäre, wenn sich ein Gefangener irgendwie von den Ketten befreien und aufstehen könnte? Er oder sie wäre dann (zu diesem Zeitpunkt) sehr verwirrt. Die Schatten an der Wand waren bisher die einzige Realität, die er oder sie je gesehen hatte; nicht aber die Höhle, die anderen Gefangenen oder diese „schattenerzeugenden" Geräte. Eine weitere Frage, die beantwortet werden sollte, lautet: Warum steht der Gefangene auf? Dies ist eine weitere eklatante Lücke. Platons Allegorie legt nur nahe, dass die Ketten nicht wirklich verschlossen sind und jeder aufstehen kann, wann immer er will. Aber wenn das der Fall ist, warum stehen so wenige Gefangene auf?

Jedwede Antwort darauf, warum nur dieser eine Gefangene aufgestanden ist, wäre reine persönliche Spekulation und ich habe einige davon.

Vielleicht wird solange niemand aufstehen, bis etwas im Schattenfilm derart schmerzhaft wird, dass sie aufschreien und sich selbst zwingen werden, sich abzuwenden. Vielleicht ist es auch eine Kraft, die man *Gnade* oder *Glück* nennen kann. So oder so ist es ein weiterer Schlüsselpunkt in dieser Analogie, welcher fehlt. Warum ist der Gefangene aufgestanden?

Die Frage, warum die Ketten des Gefangenen nicht wirklich verschlossen sind, könnte uns einen Hinweis geben. Sie werden deshalb nicht verschlossen, weil sie „zugestimmt" haben, Gefangene zu werden. Ich werde später in diesem Buch an vielen Stellen erwähnen, dass es scheint, als ob die Wesen die diese Matrix leiten, unsere Zustimmung brauchen, damit wir hier eintreten können. Sie können uns dazu also nicht zwingen, sondern sie müssen uns mit betrügerischen „Kleingedruckten"-Verträgen und emotionalen Tricks austricksen und täuschen, um uns dazu zu bewegen, „Ja" dazu zu sagen. Die Gefangenen in Platons Höhle waren wahrscheinlich damit einverstanden, in die Höhle zu kommen und Gefangene zu sein. Aus diesem Grund kann ein Gefangener praktisch jederzeit aufstehen – er muss lediglich seine ursprüngliche Vereinbarung widerrufen und beenden.

Die Gefangenen sind noch nicht draußen, aber jetzt haben die Gefangenen die Möglichkeit, auszusteigen, da die Bindungen die sie hergebracht haben, durchtrennt werden. Die meisten werden einfach neue Bindungen (Ketten, Anhaftungen) erschaffen oder haben bereits im Laufe des Lebens neue Bindungen geschaffen, aber auch diese können widerrufen und beendet werden.

Die Geschichte (Allegorie von Platon) behauptet, dass die angeketteten Gefangenen irgendeine Art von Interaktion untereinander hätten. Dies wird durch die Behauptung in der Allegorie zu einer Art Wettbewerben abgeleitet, bei denen es darum ging, wer den zuletzt erscheinenden Schatten am besten beschreiben konnte oder wer erraten konnte, welcher Schatten als nächstes kam. Daher wäre es denkbar, dass ein sogenannter frisch gebackener Gefangener etwas verwirrt wird durch die Person welche neben ihm sitzt und über die neue Höhle/das neue Theater spricht, die er/sie sieht. Der sitzende Gefangene könnte einfach zu denen sagen, dass sie aufhören sollen sich dumm zu benehmen und in die Realität zurückkehren sollen. Und manche tun das vielleicht auch, sie setzen sich vielleicht sofort wieder hin und lassen sich wieder auf den Film ein. Die wenigen Momente, in denen sie aufstanden, könnten bald vergessen worden sein. Dies könnte viel häufiger vorgekommen sein, als uns bewusst ist. Allerdings könnten auch einige davon, auch wenn sie zu diesem Zeitpunkt wahrscheinlich noch etwas ängstlicher sind, dennoch neugieriger oder sogar wütender geworden sein. Solche Gefühle können jedoch auch stark genug sein, um die Angst zu überwinden, die sie dazu drängen würde, sich wieder hinzusetzen. Daher entscheiden sie sich möglicherweise stattdessen für einen Rundgang durch die Höhle/das Theater, um es zu besichtigen.

Die Filme *Die Truman Show* (mit Jim Carey) und *Pleasantville* (Tobey Maguire und Reese Witherspoon) fügen ein paar nette Metaphern hinzu, denn sie wurden eindeutig von der Analogie zu Platons Höhle beeinflusst. Der Name der Stadt in der Truman lebt, ist *Seahaven*, deren Motto „ein schöner Ort zum Leben" ist (was himmlisch klingt). Das Gleiche gilt für den Namen Pleasantville (Angenehmer Ort) welcher ebenfalls himmlisch klingt. In jeder Stadt wurde die Realität so konstruiert, dass sie als bereits perfekt dargestellt wurde. Im Fall von Pleasantville geschah dies durch die konditionierten Werte des Fernsehens der 50er Jahre, in denen jeder lächelte und nie einen Bowling-Kegel oder einen Basketballwurf verpasste. Seahaven [das Meer der Zuflucht] ist der Ort, an dem sich Truman (wahrer Mann, also jeder wahre Mensch in der Traumwelt [Man kann auch für Mensch und nicht nur für Mann stehen]) wohl fühlen soll, sodass er kein Interesse daran hat, gehen zu wollen. In Trumans Beispiel ist er das einzig Reale und alles andere ist nur eine für ihn inszenierte Show. Schauspieler spielen ihre Rollen und tun dies nur um zu sehen, wie Truman reagiert. Gleich zu setzen mit den Schatten welche auf Platons Höhlenwand projiziert werden, um die Aufmerksamkeit des Gefangenen nach vorne zu fokussieren. Beide Welten sind so konzipiert, dass die Menschen dort nicht auf die Idee kommen, weggehen zu wollen.

Derjenige, der Trumans Welt überwacht, wird Christof genannt und in Filmrückblicken wird er häufig mit Gott verglichen. Wenn man seinen Worten jedoch genau zuhört, ähnelt er eher dem egoistischen Geist. Christof ist immer im Kontrollraum (dem Mond[29]) und beobachtet Trumans Welt und erfindet ständig Dinge, die ihn erschrecken oder den Eindruck von Einschränkungen vermitteln sollen. Christof behauptet jedoch, dass die ganze Macht bei Truman liege: *„Wir akzeptieren die Realität der Welt, welche uns präsentiert wird. Wenn es sich bei ihm um mehr als nur eine vage Ambition handelte, wenn er absolut entschlossen war, die Wahrheit über seine Welt herauszufinden, könnten wir ihn auf keinen Fall daran hindern."* Dieses Konzept bekommt noch eine wesentlich größere

29 Nicht zufällig, wie wir sehen werden. Ist der Mond wahrscheinlich künstlich und ein großer Teil des gesamten Matrixkontrollsystems

Signifikanz, wenn man sich mit den Höhlen-Metapher-Filmen wie *Dark City*", *They Live* und den Fernsehsendungen *Lost* und *Westworld* befasst. Diese und mehrere andere davon, werden noch später im Verlauf dieses Buches untersucht.

Eine Sache welche diese Analogie im Film verbirgt, ist die Tatsache, dass wir unser Leben unter einer ganzen Reihe von Lügen leben. Eine der größten Lügen, mit der wir gefüttert werden, ist, dass alles was hier vor sich geht, Gottes Plan wäre und dass alles was geschieht, irgendwie für uns getan würde und in Gottes Hand läge.

Auf einer Ebene können zwar die Meisten eine Art Kontrolle oder Richtung erkennen, welche außerhalb unserer Kontrolle liegt. Wir haben alle möglichen Begriffe für diese Kraft: Schicksal, Déjà-vu oder Vorahnung. Doch niemand fragt sich: Wer ist eigentlich der Direktor dieser Schicksalsmacht und wer ist der Nutznießer dieser Einrichtung? Ich habe erkannt, dass es sich nicht um eine wohlwollende Kraft handelt (wie Religion, New Age, Advaita oder Schamanismus alle vermuten lassen), sondern um eine böswillige Kraft (wie die Katharer und Gnostiker vermuteten).

Es braucht nicht viel, um erkennen zu können, dass ein Reich voller Leid und Angst einem liebevollen Schöpfer nicht dienlich sein kann. Es kann nur einer böswilligen Macht dienlich sein. Eine [vermeintlich] gute, aber dennoch unlogische Möglichkeit einer Antwort darauf, die Menschen davon abzuhalten dies zu erkennen, besteht darin, den liebevollen Schöpfer derart darzustellen, beziehungsweise erklären zu wollen, warum so viele schreckliche Dinge passieren: Eine liebende Gottheit lässt dich deshalb leiden, um dich zu verbessern. „Foltere dich, um dich besser zu machen", wie Richard Rose es sagen würde. Den Menschen widerfahren traumatische Unglücksfälle und dann sollen sie glauben, dass diese Teile des liebevollen Plans Gottes waren, um dann zu demselben Gott zu beten, der sie gerade traumatisiert hat und ihn darum zu Bitten ihr Leiden zu beenden. Wir sind [für den Demiurgen] nichts anderes als Nutztiere, die zur

Energiegewinnung (Loosh) gehalten werden und das schon seit Tausenden von Jahren.

Wenn es hier wirklich eine glückliche, liebevolle Gottheit gäbe, welche für diesen Ort verantwortlich ist, dann könnte dies natürlich eine viel friedlichere Erfahrung sein. Wir leben jedoch in einem physischen und energetischen Schlachthof. Du lebst in vielerlei Hinsicht als eine Art Computerspielfigur oder halbprogrammierter Roboter in einem sehr verrückten [perfiden] System. Wie viele Würmer sind in den letzten fünf Sekunden gerade gestorben, um alle Vögel zu ernähren? Wie viele Mäuse starben, um alle Katzen zu ernähren? Schreit ein Wurm, während er gefressen wird? Was hat ein so verrücktes [heimtückisches] und krankes System geschaffen? Der Demiurg, das ist wer? Derjenige, der im Alten Testament auch Rex Mundi, der Teufel, Satan oder Jehova genannt wird. Das ist der wahre Schöpfer dieser ganzen simulierten Realität. Diese Präsenz kann auch „ES" genannt werden. Kannst Du jetzt verstehen, warum der Computerbereich in unserer Welt IT [ES] heißt? Es handelt sich um eine Erweiterung der ursprünglichen künstlichen Intelligenz, des Demiurgen, der für die Simulation verantwortlich ist.[30]

Wir müssen erkennen, dass wir alle schon lange vor unserer Geburt mit einer missbräuchlichen Schöpfergottheit zu tun hatten. Nur wenn der Schöpfer dieses Reiches so gesehen wird wie es auch die Katharer und Gnostiker taten (ein psychopathisches, bizarres KI-Konstrukt), kann etwas über unsere gemachten Erfahrungen endlich beginnen einen Sinn zu ergeben. Wir wurden im Astralbereich, im Bereich vor der Geburt und im materiellen Bereich getäuscht und das vielleicht über Hunderte oder Tausende von Leben [Inkarnationen] hinweg. Nur wer die Dinge aufrichtig sieht, kann eine wirkliche Chance haben, Platons Höhle zu

---

30 Eines der Missverständnisse ist, dass das Feuer, die Gegenstände und die Höhle die „reale Welt" seien, während die Sitze und Gefangenen eine Illusion seien. Tatsächlich ist das Feuer der Demiurg (Schöpfer) und die Objekte wären die materielle Welt, während diejenigen, die die Objekte bedienen, die Archonten wären (oberste Schicht von Dienern, die ihren Befehlen folgen). „Und sie (Sophia) gab ihm den Namen Yaldaboath (Demiurg). Dies ist der erste Archon ... „Er wurde stark und erschuf für sich die anderen Archonten in einem Feuer aus leuchtendem Feuer, das auch heute noch existiert. „Geheimes Johannesevangelium.

verlassen. Solange jemand ständig sagt: „Es liegt alles in Gottes Händen“, so hat der oder diejenige sein Leben dem Demiurgen übergeben. Als Metapher gesehen wird Truman täglich von jedem manipuliert, dem er begegnet, einschließlich seiner Frau und seinem besten Freund. Sylvia (seine Geliebte) war die Ausnahme und wir werden uns in Kürze mit ihr befassen. Wir sind dieser Truman.

Christof wird im Film so dargestellt, als würde er Truman lieben und ihn nur deshalb manipulieren und sein Leben auf links drehen. Christof jedoch manipuliert Truman, um ihn zu kontrollieren. Es sieht am Ende des Films so aus, als ob Truman davon segelt, gegen den Sturm ankämpft, den Rand der Blase erreicht (sie platzt) und dann zum Abschied winkt, es scheint so als würde er Platons Höhle verlassen. Aber auch hier müssen wir aufrichtig sehen, dass das was Truman tut, darin besteht, die eine Matrix (Seahaven) zu verlassen, um bald in die nächste Matrix (von Los Angeles und Sylvia) einzutreten. In der Tat, dort war es vergleichsweise realer als dort wo er ursprünglich war, jedoch wie schnell wird er sich in dieser Welt einleben und glauben, dass diese nächste Schicht die letzte war? Das ist derselbe Fehler, den Neo im ersten Matrix- Film macht.

> *"Die Götter, zu denen wir um Hoffnung und Erlösung beten, sind die Übeltäter, die uns ausnutzen. Sie sind unsere Hüter und versklaven uns, doch wir sind überzeugt, dass sie unser Schöpfer und Retter sind. Ist das nicht ironisch?" Greg Carlisle*

Höre auf Deinen [freien] Willen mit jedem Gebet einem Wesen außerhalb Deiner selbst zu überlassen, von dem Du keine Ahnung hast, wer oder was es ist. Höre auf zu sagen: „Dein Wille geschehe“ und fange an zu sagen: „Der Wille meines tiefsten Selbst geschehe.“ Wenn dieses tiefste [versus oberflächliche] Selbst von einem liebevollen Schöpfer kommt, dann ist das ein Bonus. In jedem Fall wird Deine gesamte Führung von dem ausgehen, was Du am tiefsten bist. Beim Verlassen von Platons Höhle geht es darum zu lernen, sich selbst zu vertrauen und absolut gar nichts außerhalb von sich selbst. Du hast alle Macht und alles was außerhalb von Dir ist, wird versuchen, diese Macht zu schwächen oder einzuschränken.

Es gibt zwei Disziplinen mit denen niemand allzu gerne zu viel Zeit verbringen möchte: Jura und Geschichte. Das Eigenartige am Fach Geschichte ist, dass man, wenn man weit genug zurückgeht, nicht mehr Geschichte, sondern Archäologie studiert. Das macht wenig Sinn, denn beides ist ein Studium der Vergangenheit. Es macht dann jedoch dennoch Sinn, wenn man währenddessen realisiert, dass man zwei Dinge gleichzeitig studiert. Die Archäologie (archon-ology) ist quasi das Studium der Übernahme dieses Reiches durch die Archonten des Demiurgen, während sich die Geschichte (his-story) mit der Geschichte des Demiurgen nach Abschluss der Übernahme befasst. Die Geschichte [HIS-Story] ist lediglich eine Geschichte [Erzählung] davon, wie der Demiurg die von ihm geschaffene falsche simulierte Realität übernahm und darin verschiedene Kontrollsysteme (Handel, Regierung, Wissenschaft, Religion, Recht usw.) einrichtete, sowie die ganzen Kriege welche geführt wurden, um Menschen zu eliminieren, welche nicht mit den eingeführten Kontrollsystemen einverstanden waren. Es ist zusätzlich wichtig, das Rechtssystem zu studieren. Ich möchte hier nicht allzu tief darauf eingehen, aber Du kannst der Fußnote folgen, um einen hervorragenden Artikel zu diesem Thema zu erhalten.[31]

Zurück zu Platons Höhle: Vielleicht beginnt der aufgestandene Gefangene etwas benommen, zum hinteren Teil der Höhle zu gehen. Hinten angekommen, wird es deutlicher, dass sie sich alle in einem 360-Grad-Kino mit kreisförmiger Leinwand befinden und viele Menschen sich auf ihren Sitzen befinden. Es wird dabei auch klarer, dass ein Licht von einer zentralen Quelle

---

31 Sie können Kenneth Scotts Werk „ Overview of the World System of Bondage and Separation From Life“ hier lesen : https://www.gemstoneuniversity.org/overview-of-the-world-system.html

https://youtube.com/playlist?list=PLyMcAMIyCGbnm21LOyqu6H_h_s5XLwWjT&si=sUv-qJhKASg7jLya

(Audio Datei zu Kenneth Scotts Werk, deutschsprachige Untertitel sind einstellbar)

auf alle Leinwände projiziert wird. An jeder Wand befinden sich diverse Türen, die zu verschiedenen Räumen führen. Ganz hinten im Theater befindet sich eine Tür mit der Aufschrift „Eintreten verboten". Gefährlich." Da die Filme jeden in einem 360 Grad Spektrum umgeben, gibt es praktisch keine Möglichkeit, dem Abspielen des Films zu entkommen. Daher lässt sich die Höhle am besten als Blase beschreiben. Dies ist eine Art neue Welt, die unser (jetzt stehender) Gefangener entdeckt. Im Fall von Truman lebte er in einer gigantisch großen Klang-Bühnen-Kuppel. Auch in Pleasantville [ein angenehmer Ort] sorgten die Ringstraßen für eine geschlossene, blasenartige Umgebung. Als Truman das Spiegelbild (die Filmkulisse seines Lebens) satthatte, segelte er auf den Rand dieser Blase zu – und brachte diese natürlich zum Bersten und bekam einen Blick auf die Realität.[32]

Obwohl es sich um einen scheinbar geschlossenen Raum (Blase) handelt, gibt es dennoch Öffnungen, durch welche die Kraft der Absicht [vom Tonal Bewusstsein unbeugsame Absicht] in den Raum jenseits der Blase eindringen kann. Die Kraft von außerhalb der Blase, Absicht genannt, kann sich durch die Wände unserer Wahrnehmung manifestieren. Carlos Castaneda hat zu diesem Thema ein ganzes Buch mit dem Titel *Die Kraft der Stille* geschrieben. Dieses Buch beschreibt, wie uns Geist/Absicht metaphorisch offenbart wird und wie wir diese Botschaft interpretieren müssen. Ich glaube, dass Castaneda diese Kraft Absicht nannte, um sie als wechselseitige Fahrbahn darzustellen. Unsere Absicht zur Wahrheit verbindet uns mit dem Raum außerhalb der Blase, während die Wahrheit außerhalb der Blase die Absicht hat, uns zu erreichen. Das Gemälde an der Decke der Sixtinischen Kapelle könnte diese Interaktion widerspiegeln. Dies wird auch durch Sylvia in Die Truman Show und durch David und Jennifer in Pleasantville symbolisiert Sie traten durch eine Öffnung

32 Castanedas Welt des Tonal wird metaphorisch als Wahrnehmungsblase bezeichnet und er behauptete, dass wir uns im Moment der Geburt in sie begeben. Zunächst ist die Blase geöffnet, um den Nagual (das, was jenseits des Traums liegt) zu offenbaren. Aber irgendwann beginnt sich die Blase zu schließen, bis wir schließlich eingesperrt sind. Von diesem Zeitpunkt an können wir an den Wänden nur noch das sehen, was wir projizieren: ein Spiegelbild des falschen Selbst

ein, um denjenigen die zuhören wollten, Informationen über die Welt dahinter zu liefern. Möglicherweise brauchen wir nur eine solche Interaktion, um unser Leben zu verändern. Es scheint, dass es nur ein Gespräch mit Sylvia am Strand war, das ausreichte um Truman auf seiner gesamten Suche nach Freiheit und Wahrheit anzustoßen.

Für eine lange Zeit, vielleicht sogar den ganzen Rest seines Lebens, könnte sich ein Gefangener darauf konzentrieren die gesamte Blase verstehen zu wollen und das macht auch durchaus Sinn. Ich glaube jedenfalls nicht, dass es vollkommen vermieden werden kann. Wir sind gerade in eine neue Realität eingetreten und die natürliche Tendenz besteht darin, uns zu orientieren [den Kurs, eine Navigation aufzunehmen]. Wo befinden wir uns gerade jetzt?

Diese Phase ist zwar weitläufig und auch der Ort, an dem die Fallen innerhalb der Spiritualität beginnen. Spirituelles Erwachen oder die Erleuchtung ist eine aufgestellte Falle für diejenigen, welche sich schon im hinteren Teil der Höhlenebene befinden. Dieser [Prozess des Erwachens und der Erleuchtung] wird verführt von den Liebes- und Lichtkonzepten im hinteren Teil der Höhle, welche alle versprechen, dass sie das Geheimnis haben, alles was vor sich geht, verändern zu können.

Diese nächste Idee über die Höhle stammt nicht von Platon, sondern von Stephen Davis in seinem kostenlosen Online-Buch *Butterflys Are Free to Fly*[33]. Er weist darauf hin, dass der stehende Gefangene höchstwahrscheinlich als nächstes einer Gruppe beitreten wird. Davis behauptet, dass es im hinteren Teil der Höhle weniger eine Gruppe einzelner umherziehender Gefangener geben wird, sondern eher eine Reihe sich bereits gebildeter Gruppen. Für den Gefangenen würden die Gespräche wahrscheinlich ungewöhnlich erscheinen, aber wenn man ihn fragt worüber sie reden, wird er wahrscheinlich antworten: „Uns gefallen die laufenden Filme nicht und wir versuchen, sie zu ändern." Dies würde jeden faszinieren, welcher für den Gedanken stünde, dass

33 Weitere Einzelheiten zu seinen Kategorien finden Sie in seinem kostenlosen Online-Buch https://www.butterfliesfree.com/

der Film verändert werden kann. Es gab viele Filme, die der Gefangene nicht mochte. Dies wird tendenziell zur neuen Leitphilosophie des neuen Gefangenen: „Ich muss etwas ändern oder reparieren." Es kann der Film oder er bzw. sie selbst sein.

Ein weiteres gemeinsames Element für diejenigen, die ihren Sitz bereits verlassen haben, wie Davis weise behauptet, ist das tatsächliche Bedürfnis Teil einer Gruppe zu sein. Für die meisten ist es eine Möglichkeit zum Überleben. Einige waren bis zu diesem Zeitpunkt ein ganzes Leben lang angekettet auf einem Stuhl sitzend, die Kinoleinwand beobachtend. Plötzlich befinden sie sich in einer neuen Welt und haben keine Ahnung, wie sie sich verhalten oder was sie tun sollen. Es ist durchaus sinnvoll andere zu finden, welche die gleiche Erfahrung gemacht haben und die bei der Anpassung Unterstützung bieten können. Allerdings gibt es erstaunlicherweise statt nur einer oder zwei großen Gruppen im Hintergrund, welche beim Übergang helfen, Tausende kleiner Gruppen - jede mit ihren eigenen spezifischen Ideen.

Die aufgestandene Person weiß, dass sie sich einer anschließen muss, aber welcher? Wer hat echte Antworten? Manche schließen sich schnell einer Gruppe an. Andere jagen eine Weile herum, aber irgendwann wird eine ausgewählt. Während andere von Gruppe zu Gruppe gehen und nach dem „Gewinner" suchen. Nur wenige finden nur eine und bleiben durchgehend dabei. Ein wesentliches Schlüsselmerkmal von Gruppen oder Organisationen ist, dass sie einen Führer benötigen. Jemand, der Ratschläge gibt, in der Regel, wie man es dem Anführer gleichtun kann. Im Allgemeinen gibt es immer das vorgestellte Endziel, glücklich, liebevoll und friedlich zu sein. Oft geht es auch um mehr Geld, Macht und Sex zu haben. Überall dort, wo sie feststellen, dass das nicht passiert – sei es bei ihnen selbst oder bei anderen – wird behauptet [dass das nur so ist], weil Du noch etwas in Ordnung bringen musst. Liebe und Licht müssen die Oberhand haben.

Folgendes wird dabei meistens nicht berücksichtigt: Auch wenn es so scheinen mag, als könnten wir die Filme ändern. Ganz gleich, was man auch versucht [und davon umgesetzt hat], die grundlegende Handlung verändert sich nicht allzu sehr. Selbst wenn es sich geringfügig ändert, passt es sich im Allgemeinen nicht so an, wie man es sich erhofft. Die Grundgeschichte des „Lebens auf der Erde" bleibt mehr oder weniger gleich. Trotz aller Meditation, Gruppengebete, des Gesetzes der Anziehung und des positiven Denkens – ist das menschliche Leben und der Planet wirklich besser geworden als vor 100 Jahren? Eintausend Jahren? Zu jeder anderen Zeit? Tatsächlich scheint es noch viel schlimmer geworden zu sein. Es fiel mir schwer, zu der Erkenntnis zu gelangen, dass diese ganze Realität nichts anderes als eine Clown-Zirkus-Show ist. Zugegeben, das Leben ist manchmal schön, interessant und interaktiv, aber die Grundlage sind Schmerz und Leid, denn so entsteht die Energie (Loosh) für die Ernte. Dieser Ort war noch nie besser und wird sich auch nie verbessern. Der Glaube, dass „die Dinge besser werden können", ist eine der genialsten und heimtückischsten Fallen dieses Reiches. Alles, was wir unser ganzes Leben lang getan haben, ist im Grunde irgendwie darauf ausgelegt, letztlich zu scheitern. Das ist eine schwierige Wahrheit. Zugegeben, wir können kleine Dinge in der Simulation zu unserem Vorteil beeinflussen, aber da niemand wirklich versteht, wer die Simulation erstellt hat, warum oder wie sie funktioniert, sind all diese Dinge nur in den Wind geschlagene Hoffnungen. Gehe völlig über die Simulation hinaus. Ein Schlüsselelement von Dantes *Inferno* ist das Zitat „*Gibt alle Hoffnung auf, die ihr hier eintretet.*" Das soll keine Botschaft über den Eintritt in diese Hölle sein, es geht um den Eintritt in die Wahrheit; denn solange man Hoffnung hat, sind sie an die Simulation und an das falsche Selbst gebunden. „Falsch" und „Hoffnung" gehören zusammen, aber im Bereich der Wahrheit ist Hoffnung niemals erforderlich.

Der Liebes- und Lichtmythos ist wohl die heimtückischste Falle unserer Zeit. Es erzeugt beim Menschen die gleiche Wirkung wie jede andere Droge auch: Es gibt einem für kurze Zeit ein gutes Gefühl, um dann nach dem Verlust der Droge wieder zusammenzubrechen und sich auf die Suche nach dem nächsten Treffer zu machen. Immer wieder sind Junkies in der spirituellen

Gemeinschaft auf der Suche nach einem anderen Lichtwesen, einer weiteren Reiki-Sitzung oder einem weiteren Lächeln auf ihrem Gesicht in der Meditation. Sie werden sogar dazu verleitet sich für böse zu halten, wenn sie einen negativen Gedanken haben oder wütend werden. Für eine Veränderung wäre eher gerechter Zorn nötig. Lächelnd an einer Wand zu sitzen und so zu tun als wärst du der Buddha, wird eine anhaltende Versklavung sicherstellen. Liebe und leichte Spiritualität sind die blaue Pille von Morpheus und der Durchschnittsmensch kann nicht genug davon bekommen.

Und daran muss man vorbeigehen, wenn man wirklich verstehen will, wie man Platons Höhle verlässt. Jeder stellt in gewisser Weise Fragen über die Natur der Realität. Einige beschäftigen sich zwischen Cheeseburgern und Fußballspielen ein paar Minuten pro Woche damit, andere lesen ein paar Bücher und besuchen Vorlesungen, während sich wiederum einige sich in diesen Bereichen mit innerer Arbeit befassen. In gewisser Hinsicht tut jeder sein Bestes, angesichts des Mangels an Führung, den dieses Reich bietet und der Anzahl herausfordernder Situationen, die sich ständig manifestieren. Allerdings muss man es besser machen als die meisten Leute es für ihr Bestes halten. Wenn Du wahrlich Wahrheit, Heimat und Totalität willst, dann musst Du die letzte Stufe der [spirituellen] Alchemie erklimmen. Nicht nur zu wissen warum die Welt eine Illusion ist, sondern auch, wer sie erschaffen hat und warum. Du musst alle angewandten Tricks aufdecken, denn wenn Du die einzelnen Tricks nicht kennst, kannst Du dennoch getäuscht werden. Es wird so viel falsches Licht (von Luzifer) geben, dass die Unterscheidung zwischen Licht und Dunkelheit zur Lebensaufgabe werden wird.

Kürzlich fragte mich jemand: „Wenn es kein Karma gibt, macht es dann einen Unterschied, ob man in diesem Leben nett oder ein Idiot ist?" Tatsächlich ist es so. Unzählige Nahtoderfahrungen deuten ziemlich genau darauf hin, dass es einen Lebensrückblick geben wird. Dieser Rückblick ist nicht dazu da, Ihnen zu helfen. Der Lebensrückblick im Leben nach dem physischen Tod dient dazu, dein Leben so abzubilden, dass

Schuld-, Scham- und Gefühle der Enttäuschung zum Tragen kommen. Wer von uns kennt keine vergangenen Momente, von denen man sich heute wünschen würde, sie wären damals von uns anders gemacht worden? Diese Gefühle werden dann mit Leichtigkeit manipuliert, um uns dazu zu bringen, wieder hierher zurückzukehren. Natürlich wurden wir Menschen in diese Welt platziert, ohne Erinnerung an irgendetwas, ohne Handbuch wie man richtig lebt und unser Leben wird auch (oft auf sehr direkte Weise) von diesen „Kontrollwesen" manipuliert. Daher ist die Praxis der Rekapitulation lebenswichtiger, als ich bisher dachte. Es geht nicht nur darum, Deine Energie zu reinigen [von Fremdenergien und dabei die eigene Energie wieder zurück zu holen] oder sich zu Lebzeiten von vergangenen Erfahrungen zu erholen und verloren gegangene eigene Energie wieder zu reintegrieren. Das sind sekundäre Gewinne. Die Rekapitulation dient hauptsächlich der Vorbereitung für den Nach-Tod-Rückblick, um unsere Vergangenheit in- und auswendig zu kennen. Nichts kann uns dann überraschend entgegengeworfen werden. Wir wollen zu allem, was gezeigt wird, sagen können: *„Ja weiß ich, es war eine Herausforderung oder ich stand unter Stress, ich habe das Ereignis und mich selbst gesehen und habe besser verstanden, wer ich damals war und warum ich so gehandelt habe. Mittlerweile bin ich mit all dem Geschehenen im Reinen und ich bin nicht mehr diese Person. Ich bin Absolutes Bewusstsein und ich habe mich verwandelt. Fortfahren"*

Das ist es, was die vollständige Rekapitulation des Lebens bewirken soll und jetzt sehe ich ein, dass es eine vollständige Zusammenfassung sein muss, da eine Teilversion nicht die völlige Klarheit der Nach-Tod-Rezension schaffen wird. Auch dann, wenn Du ein sehr vorbildliches, ehrliches und freundliches Leben geführt hast, bedeutet das für dich nur, dass im Verhältnis weniger Ereignisse an deinem Energiekörper hängen bleiben, welche Dir im Rückblick auf dein vergangenes Leben nach dem Tod präsentiert werden können. Wir leben deshalb auf eine gute Weise weiter, um wenig Neues anzusammeln auf was wir uns wieder vorbereiten müssten. Dennoch machen wir mit unserer Rekapitulation weiter, bis nichts mehr vor uns selbst verborgen ist

oder [energetische] Anhaftungen an vergangene Erfahrungen[34] vorhanden sind.
Je weniger wir daran gebunden sind, desto geringer ist die Wahrscheinlichkeit, dass wir uns von falschen Vorstellungen des Karmas täuschen lassen oder davon ausgehen, dass unsere Entscheidungen [Fehlentscheidungen rückblickend betrachtet] ausschließlich unserem freien Willen entsprachen (was nicht der Fall war).

Was sich im hinteren Teil der Höhle befindet, hat für eine Weile einen gewissen Wert. Ich schränke diese Praktiken nicht völlig ein, denn sie haben ihre Berechtigung. Es gibt einen Grund, warum die verschiedenen Traditionen wie die Alchemie und die Wege der Naturmedizin Lernschritte beinhalteten. Du musst irgendwie vorankommen, dies aber in einer Reihenfolge, welche klar und sicher für Körper, Geist und Seele ist. Wenn man versucht zu schnell zu springen, landet man wahrscheinlich im Treibsand. Aber sobald Du die letzte Phase des Prozesses erreicht hast in der ein Verlassen der Höhle möglich sein kann, dann wirst Du diese unteren Ebenen nicht mehr mitnehmen können. Du musst diese dann als das sehen, was sie sind (ein wertvoller Schritt zu einem wertvollen Zeitpunkt), aber nicht mehr gültig für dein Ziel. Und so wird es in diesem Buch so klingen, als ob ich beinahe alles in der spirituellen und religiösen Landschaft kritisch beurteile, aber genauso muss es im Endstadium auch sein. Natürlich wird es Momente geben, in denen einige dieser Praktiken oder Überzeugungen aus den frühen Stadien benötigt werden. Gehe dann also zurück und berühre diese leicht, lasse diese dann wieder davon schweben und kehre zu Deiner Aufgabe zurück. Die jetzige Aufgabe besteht darin durch den Ausgang, durch das Nadelöhr, zu gelangen. Und du kannst nichts durch das Nadelöhr bringen, nicht einmal dich selbst [Deine Identität]. Durch diese Nadel gelangen

34 Bis heute habe ich die Rekapitulation vor über tausend Menschen präsentiert. Die Zahl derjenigen, die einen Lebensrückblick abgeschlossen haben, ist Null. Das sagt schon viel über das Engagement der Menschen aus. Ich hatte die Gelegenheit, mit einer Person zu sprechen (Lorenzo, einer derjenigen, die mich zu diesem Buch interviewt haben) und er ist die einzige Person, die ich getroffen habe, die eine vollständige Zusammenfassung gemacht hat.

nur Freiheit, Totalität und Wahrheit. Die Kraft deines vollständigen Wesens welche Du erahnst, ist bereits in dir vorhanden, wurde jedoch nie vollständig erkannt. Die Meisten welche in diese letzte Phase eintreten, kommen nicht weit, weil sie nicht all ihr wertvolles Wissen, ihre Überzeugungen und Übungen auf den unteren Ebenen loslassen können. Sie halten so fest daran fest, dass sie im Treibsand dieser Arbeit stecken bleiben. Sie stoppen die letzte Reise, bevor diese überhaupt beginnt, indem sie sich nicht erneut wieder umgestalten. [Das inzwischen Unbrauchbare gewordene hinter sich zu lassen]

Kaum jemand beschäftigt sich tiefgreifend genug damit, wissen zu wollen, was diese Realität tatsächlich ist. Sie sind eher darauf fokussiert, sich auf ihre Wünsche und Hoffnungen zu konzentrieren. Kann man eine Computersimulation ändern, welche darauf abzielt, Leid und Sklaverei zu schaffen? Technisch gesehen ist dies möglich falls Sie Zugriff auf das Basisprogramm haben und wissen, wie man in dieser bestimmten Sprache programmiert. Glaubst Du wirklich, dass diese verschiedenen spirituellen Gruppen Zugang zu irgendetwas davon haben? Sie tun es nicht, egal wie sehr sie versuchen, sich selbst davon zu überzeugen. Das hat zur Folge, dass keine dieser Gruppen, welche sich hinter den Sitzen herumtummeln, auch nur die Ansprüche erfüllen könnten, die sie ihren Anhängern versprechen. Die Hilfe die sie bestenfalls leisten können, ist bestenfalls individuelle Hilfe. Auch wenn das an sich durchaus nützlich sein kann, so ist es dennoch letztendlich unbedeutend.

Die Gruppen offerieren meist Ausreden darüber, warum ihre Behauptungen sich nicht erfüllen, wie zum Beispiel „Kein Schmerz, kein Gewinn“, „Es kann Jahre und vielleicht sogar Hunderte von Leben dauern bis diese Lehre Ergebnisse zeigt“ und „Wir haben nicht genügend Mitglieder.“ ” Oder sogar die schädlichste Ausrede von allen: „Du machst wohl etwas falsch“ oder „Du bist nicht spirituell genug.“ Natürlich kann die Gruppe selbst und ihre Lehre unmöglich fehlerhaft sein, es muss also die Schuld jedes einzelnen Mitglieds sein. Die meisten Suchenden in diesen Gruppen sind sehr nette Menschen. Menschen, mit denen du wirklich befreundet sein möchtest; intelligent, wohlmeinend und fürsorglich. Tatsächlich sind sie so nett, dass man dazu neigt, die grundlegenden Mängel des Systems [der Lehre] zu dem sie zugehörig sind, zu übersehen.

Obwohl es den Anschein hat, dass die Gruppen viel mehr Freiheit, Wissen und Anleitung bieten, scheint jeder einen wichtigen Punkt zu vergessen. **Sie sind alle noch in der Höhle**. Obwohl sie in einer etwas besseren Position sind, als nur an ihre Sitze gefesselt zu sein und an den Film zu glauben, fahren sie doch im Bereich der Matrix fort. Alle diese Gruppen, Techniken oder Ideen haben eine verschwindend geringe Chance, die Versprechen zu erfüllen welche diese verkaufen. Die Erfolgsquote wird entweder sehr gering sein oder gänzlich ausbleiben, insbesondere dann, wenn es um ständige Glückseligkeit geht. Dieses Reich ist nicht auf ständige Glückseligkeit ausgelegt, ganz gleich was die Gurus versuchen zu behaupten. Tatsächlich besteht die einzige Möglichkeit langfristig in übermäßig glücklichen Zuständen zu leben darin, die endgültige Ebene dieser Arbeit erreichen zu wollen, völlig zu widersprechen. Das ist auch ein Grund dafür oder eine Tendenz, dass diejenigen, welche am spirituellsten, liebevollsten und erleuchtetsten zu sein scheinen, in Wirklichkeit diejenigen sind, welche am vehementesten leugnen, was sie wirklich erwarten könnten, wenn sie sterben. Natürlich räume ich ein, dass ich nichts gegen Liebe, Vergnügen und Sein habe. Ich weiß es wirklich zu schätzen, wenn sie voll und ganz in meinem Leben vorhanden sind. Ich weiß auch, dass egal wie angenehm sie gerade in diesem Moment sind, nicht von Dauer sein werden und ich erwarte das auch nicht von ihnen.

2020 bis 2022 war eine großartige Präsentation davon. Wenn alle diese sogenannten großen Lehrer der Wahrheit nicht sehen können, wie sich die größte relative Lüge der modernen Menschheitsgeschichte zwei Jahre lang jeden Tag vor ihren Augen abspielt, wie kann man ihnen dann überhaupt vertrauen, dass sie die großen Lügen erkennen, welche die absolute Wahrheit verschleiern? All die Gurus welche Freiheit und Befreiung predigten, sind einfach verschwunden. Sie hielten sich an die [weltweit proklamierten] Regeln, ihre eigenen Freiheiten aufgebend und schlugen ihren Anhängern vor dasselbe zu tun. Oder diese schwiegen einfach und äußerten sich nicht zu dem Freiheitsverlust, welcher um sie herum vor sich ging. Ist das jemand, dem Sie wirklich vertrauen möchten, dass er Sie zur ultimativen Freiheit führt, wenn er kein Gefühl für relative Freiheit hat? Das Problem derselben bestand darin. dass diese glaubten, den Gipfel des Berges bereits erreicht zu haben. Während sie es sich stattdessen nur bequem auf einem Stuhl auf halber Höhe gemütlich gemacht haben und Postkarten mit einer Aussicht verkauften, die jemand anderes vom Gipfel aus gemacht hat.

Nur sehr wenige denken jemals über den Gedanken nach: „Vielleicht funktioniert überhaupt keine dieser Gruppen?" Dies ist ein weiterer Grund, warum das Suchen das Problem ist, denn die Person sucht nach etwas, das eigentlich gar nicht existiert. Das Versprechen der Gruppe kann nie gefunden werden. Das zugrunde liegende Problem besteht darin, dass sich die gesamte Gruppe (einschließlich ihres Anführers) immer noch in der Höhle/im Theater aufhält und genau dort operiert, was bedeutet, dass es scheinbar keinen großen Unterschied zwischen all diesen gibt. Ohne das [360 Grad Kino] Theater jemals verlassen zu haben, kann wirklich niemand viel über irgendetwas wissen. All das kann man nur erfahren, wenn man sich den einen Ort ansieht, welcher bislang ignoriert wurde: Die Tür auf der Rückseite der Höhle mit dem riesigen Warnschild darauf. Ich habe das Gefühl, dass es vielleicht etwas braucht, was ich als „äußere Kraft" bezeichne, um endlich die begrenzenden Elemente der Höhle zu untersuchen, um die Botschaft dieser Kraft wie ein Heimkehr-Signal hören zu können, um schließlich nach einem Weg zur Heimkehr zu suchen. Während man sich noch in einem Körper befindet, kann man nur einen flüchtigen Blick darauf werfen, wie es außerhalb davon aussieht. Deshalb empfehle ich, Informationen von ein paar verschiedenen Leuten einzuholen, welche behaupten, den Ausgang gesehen zu haben und diese Informationen wie ein Puzzle zusammenzusetzen.

Die wirklichen Antworten werden nicht in Gruppen gefunden, sondern bei Außenseitern, Einsiedlern und Vaganten [Kleriker, Kyniker, Mönche, Philosophen ohne festen Wohnsitz]. Diejenigen, welche zwar Teil der Gesellschaft sind, aber auch nicht wirklich. Was diese Leute sagen, ist so radikal, weil sie keine wirklichen Vorschläge zur Verbesserung der Höhle haben. Sie kümmern sich nicht um die Höhle (beziehungsweise nur so viel wie es für ihren Alltag notwendig ist). Sie sehen, dass die Höhle verrückt [bizarr] ist, schon immer war und immer sein wird. Daher legen sie ihren Fokus nicht auf die Matrix, sondern auf den Ausgang. Um noch weiter voran zu schreiten, muss ein stehender Gefangener seinen eigenen persönlichen Weg finden, einen welcher zu ihm passt und nicht etwas, das für die Massen üblich ist. Diese Systeme führen einfach dazu, ein Sklave zu bleiben, welcher immer wieder geboren wird und stirbt. Die Höhle zu verlassen bedeutet, die Lügen, Tricks und Verträge welche der Seele auferlegt werden vollständig zu sehen und abzulehnen. Deshalb, damit Sie Ihren natürlichen Zustand erreichen können: ganz, vollständig, kraftvoll und frei.

Denken Sie daran, wenn Sie sich in einer Gefängniszelle befinden, besteht der Weg zur Flucht darin, zunächst vollständig zu verstehen, wie Sie in diese Zelle gelangt sind. Dann jeden Zentimeter davon haargenau zu untersuchen und präzise zu kennen. Es kann dann ein Plan geschmiedet werden. Wir als Spezies haben bei der Erforschung unseres Gefängnisses bereits gute Arbeit geleistet. Das Problem besteht meist jedoch darin, dass es sich dabei gewöhnlich um die Frage „Wie kann ich das Problem beheben?" dreht. Wenn wir stattdessen, all diese bereits ermittelten Informationen nehmen und darauf fokussieren, wie wir die Höhle verlassen können, wird die gesamte Untersuchung der Höhle von Wert sein. Falls wir das noch nicht getan haben, so haben wir nur wenig Zeit damit verbracht unsere Zelle zu kennen.

Platons Höhle ist nicht nur die materielle Welt. Viele geraten aufgrund der Art und Weise, wie die Allegorie dargestellt wird, in diese Vorstellung. Dies ist ein weiteres fehlendes Element. Platons Höhle besteht innerhalb jeder Schicht aus falscher Realität. Es betrifft nicht nur diese materielle Welt, sondern auch zusätzliche materielle Welten, Astralwelten, Akashawelten, Engelswelten... so ziemlich jede Welt in der es etwas zu beobachten gibt (sogar noch innerhalb der Leere, in der es nur Nichts zu beobachten gibt), gehören noch immer zu Platons Höhle. Das ist Teil der Herausforderung, es gibt so viele Schichten in denen man sich noch innerhalb der Höhle befinden kann und fälschlicherweise glaubt, man befinde sich bereits außerhalb der Höhle.

Was sagt uns Platons Allegorie über den Austritt? Wie schon gesagt, nicht viel. Tatsächlich darf der Gefangene in der Geschichte nicht VOLLSTÄNDIG gehen. Er kann nur einen flüchtigen Blick erhaschen und wird dann zurück in die Höhle geschickt. Und er kann auch nicht nur aus freier Willensentscheidung gehen. Die Allegorie selbst wirft Fragen auf:

- „Was wäre, wenn ein Gefangener nach draußen gezerrt werden würde?"
- Warum einen Gefangenen nach draußen schleppen?
- Kann er nicht freiwillig raus gehen?

Platon diskutiert keine dieser Fragen, sondern fährt weiter fort zu erläutern, wie der Gefangene die Sonne sieht, wie dies seinen Augen schmerzt und wieviel Zeit es braucht sich daran zu gewöhnen und sich auch zusätzlich an diese neue Realität zu gewöhnen. Der nächste Teil ist interessant: Platon behauptet nun, dass der Gefangene in dieser Situation denken würde, dass es außerhalb der Höhle versus innerhalb der Höhle wesentlich hochwertiger sei und er deshalb zurückkehren möchte, um seinen Mitgefangenen bei der Flucht zu helfen. Was ist das für ein Licht das er sieht (was vermutlich unsere wahre Sonne ist)? Ich vermute, dass dies auch das weiße Licht der Nahtoderfahrung ist, von dem diejenigen die es erlebt haben behaupten, es blendet und sei dennoch schön. Dies ist ein wesentlicher Teil der Falle. Wenn man zum weißen Licht gelangt, muss man zurück in die Matrix, zurück in die Höhle gebracht werden, genauso wie es dem Gefangenen [in Platons Gleichnis] passiert ist.

Die Allegorie besagt, dass der Gefangene zurückkehrt, ohne zu erwähnen wie und dass der Gefangene nur deshalb zurückgekommen ist, um seinen Mitgefangenen bei der Flucht helfen zu können. Doch wie könnte er dabei behilflich sein? Er entkam ja nicht selbst, sondern wurde hinaus gezerrt. Platon behauptet, dass der zurückkehrende Gefangene beim Wiederbetreten vom Licht der Höhle geblendet werden würde (das Feuer war der Demiurg) und dass die Mitgefangenen ihn auslachen und behaupten würden, dass dieser Ausflug nach draußen ihn verletzt habe. Gegebenenfalls würden sie sogar ihn und jeden anderen töten, welcher versucht sie auf eine ähnliche Reise mitzunehmen.

Die Meisten glauben, dass dieses Gleichnis hier enden würde, weil eine weiterführende Untersuchung dieser Geschichte in den meisten Präsentationen dieses Gleichnisses fehlt. Jedoch geht die Geschichte noch ein paar Seiten weiter und es kommt zu einer seltsamen Diskussion zwischen Sokrates und Glaukon. Es handelt sich um kurze Diskussionen zu einer Reihe von Themen: zum Beispiel zu Licht und Dunkelheit, der Natur der Seele, was ist Gut und die Lossagung von Sinnenfreuden. Es fühlt sich außerdem so an, als ob dies auch ein ganz anderer Autor verfasst hätte. Ich frage mich, ob dies mit den zahlreichen neutestamentlichen Schriften vergleichbar ist, bei denen man auch deutlich zwei unterschiedliche Schreibstile im selben Buch erkennen kann. Wo ein neuer [zusätzlicher] Autor etwas aus einem älteren Dokument übernommen hat, einiges davon verworfen hat und dann eine neue Erzählung [Narrativ] daraus geschrieben hat.

Man sollte meinen, dass das Ende von Platons Höhle die oben erwähnten fehlenden Fragen beantworten könnte, doch der letzte Teil besteht aus ein paar Absätzen, in denen der Staat [das Reich] und die Menschen als Wohltäter des Staates diskutiert werden.

Ein paar spezifische Sätze gegen Ende lassen mich an der Gültigkeit der gesamten Geschichte zweifeln. Ich werde einen Überblick über die Schlüsselzeilen geben:

„Die Aufgabe von uns, die wir die Gründer des Staates sind, wird sein, die besten Köpfe dazu zu zwingen das Wissen zu erlangen von dem wir bereits gezeigt haben, dass es das Größte ist ... aber erst wenn sie aufgestiegen sind. Und wenn sie genug sehen, dürfen wir ihnen nicht erlauben das zu tun was sie jetzt tun ... [nämlich] in der Oberwelt zu bleiben: Aber das darf nicht zugelassen werden. Sie müssen dazu gebracht werden, wieder unter die Gefangenen in der Höhle zu gehen, um an ihrer Arbeit und ihren Ehren teilzuhaben, ob sie es wert sind oder nicht „Sagt Platon damit, dass diejenigen, welche zwar fähig sind der Höhle zu entkommen und zur Wahrheit gelangen können, nicht dortbleiben dürfen, sondern wieder in die Welt der Gefangenen absteigen sollten? Das Ende der Geschichte und in der Geschichte [dem gesamten Höhlengleichnis] selbst, könnte es also auch nur um Kontrolle und Versklavung gehen und nicht etwa um irgendeine Art von Flucht, wie ein Erkundender [Platons Höhlengleichnis untersuchender Leser] vielleicht vermuten würde.

Hat der Gefangene wirklich das „Außen“ erreicht oder nur das was wir das Astralreich nennen könnten? Das ist nicht der wirkliche Ausgang. Der wirkliche Ausgang wäre jenseits dieser neuen Welt, jenseits des Astralbereiches, jenseits des Lichts oder jenseits von allem [everyTHING]. Auch wenn der Gefangene bei der Rückkehr in die Höhle von seiner Reise erzählt, ist es nur ein halber Ausgang. Vielleicht werden andere, sobald sie diese Geschichte hören, [glauben zu] erkennen, dass sie sich außerhalb der Höhle befinden und beschließen in die Höhle zurückzukehren.

Entweder durch Vorstellungen von Karma und Sünde ausgetrickst, sodass sie [angeblich] zurückkehren müssten um zu lernen und zu wachsen oder auch durch etwas Altruistisches, um andere Menschen oder die Höhle selbst zu retten. Einige werden einfach einen Tauschhandel eingehen, um sich selbst hier zu etwas Besonderem und Wichtigem zu machen (wie es „Cipher“ in der Matrix getan hat), indem diese ihre Seele für falsche materielle Dinge [Werte] verkaufen. Ein solcher Ort, wo so ein Gefangener hätte „hingeschleppt“ werden können, um genau denjenigen welche im hinteren Teil der Höhle stehen eine falsche Hoffnung zu vermitteln, ist solch ein Ort, welchen fast die gesamte spirituelle Gemeinschaft zu erreichen versucht. Einheit. Selbstverwirklichung.

Die meisten Lehrer da draußen vertreten die Auffassung, dass das Ziel der spirituellen Arbeit darin bestünde, einen Zustand zu erreichen, der mit verschiedenen Worten bezeichnet wird: Erwachen, Erleuchtung, Nicht-Dualität, Einheit und viele andere. Es ist ein Kernkonzept der meisten Traditionen von Advaita über den Buddhismus bis hin zum Schamanismus[35]. Doch das Erwachen IM Traum ist kein Erwachen AUS dem Traum. Ich habe viel darüber in *Falling For Truth* geschrieben und es ist ein wichtiger Teil des Prozesses. Es ist der Zeitpunkt, an dem Sie erkennen, dass alles in dieser Realität eine Illusion ist, auch Sie selbst. Eine Manifestation eines größeren Selbst. Dass man absolut, total, leer und doch vollständig bist. Das Problem liegt immer im Kontext. Was ich gerade beschrieben habe, kann man auch als „ein Erwachen im Traum“ [tatsächlich jedoch gar nicht bemerkt, dass man noch immer schläft] bezeichnen. Es wird so dargestellt, als wäre das hier das Ende des gesamten Spiels. Wie könnte es auch nicht so aussehen, besonders für jemanden welcher es derart erlebt hat? Einheit/Absolutheit was könnte darüber hinausgehen? Und so bleiben diese hier und werden die spirituellen Führer [Administratoren des Demiurgen] dieser Generation. Eine weitere

35 Wenn man genau hinschaut, sind diese Traditionen nicht wirklich ihre ursprünglichen Lehren. Sie wurden nach und nach geändert und bearbeitet (wie die meisten Lehren der westlichen Religionen bearbeitet und zensiert wurden). Diese alten Lehren wurden „verwestlicht" und nun so aufgestellt, dass diejenigen, die über etwas Geld verfügen, sich wohl fühlen, ein Teil davon zu sein. Natürlich wurden sie schon lange zuvor „veröstlicht", wenn ich einen erfundenen Begriff verwenden darf, um es den Menschen in Asien leichter zu machen, ihnen zu folgen. Man muss weit zurückgehen, um die ursprüngliche Lehre zu finden und in den meisten Fällen existiert sie nicht mehr.

Falle wurde aufgestellt. Die erleuchteten Gurus verwenden gerne von uns gut aufzunehmende Schlagworte wie „Wir sind alle eins“, „Wir sind Liebe“, „Es gibt nichts zu befürchten“, „Alles ist in guten Händen“, „Sei präsent“ oder „Sei friedvoll“. Sie liegen damit natürlich nicht vollkommen falsch und das macht das Ganze so herausfordernd. Sie haben im Grunde genommen Recht hin bis zum Ende der frühen alchemistischen Stadien. In den echten alten Traditionen wurde jemandem, wenn er dieses Niveau erreicht hatte, etwas Zeit gegeben sich daran zu gewöhnen, um dies integrieren zu können, damit seine physische Form und sein Geist sich darauf einstellen konnten. Aber das würde nur für eine gewisse Zeit gelten. Die neu Erwachten würden daran erinnert, dass sie noch nicht ganz fertig sind. Es gibt eine letzte Phase. Außerdem fragt sich niemand, zu welcher Einheit diese Menschen erwacht sind?

Außerhalb der Matrix selbst gibt es eine Einheit, welche in der gnostischen Literatur als Pleroma bekannt ist. Das ist sehr komplex und ich werde später in der Arbeit darauf eingehen, wenn ich die Dokumente von *Nag Hammadi* bespreche. Dann ist da noch die Leere-Einheit (auch bekannt als das Klare Licht des Dzogchen-Buddhismus). Das ist der stille Ort in der Matrix, der Schoß [Mutterleib] der Realität, von dem aus sich alle materiellen Formen und Erfahrungen manifestieren. Er ist weder dunkel noch schwarz, jedoch enthält er alles und nichts. Er ist ohne Zeit und Raum, ein Ort der nicht-dual ist, keine Polarität hat, voller Bewusstsein und Stille. Das Erleben der Leere, während man noch im Körper ist, wird zu tiefen Erfahrungen von Frieden und Klarheit führen. Wer möchte das nicht? Es ist die beste Grundlage, die man hier bekommen kann und selbst das kann nach dem Tod ein hilfreiches Werkzeug sein. Für viele ist es der erste Anlaufpunkt nach dem Tod und wenn man möchte, kann man hier auch längere Zeit bleiben. Tatsächlich ist das einer der Werte, diesen Punkt im Leben zu erreichen und sich damit vertraut zu machen. Am besten so, dass Sie direkt dorthin gehen können, anstatt auf das falsche weiße Licht zuzugehen. Aber die Leere ist nicht das wahre Absolute. Die Leere ist immer noch in der Simulation. Den Gnostikern war klar, dass unsere Realität eine Kopie ist und um [von etwas] eine Kopie zu sein, muss es auch das geben [Original], von dem man kopiert. In diesem Fall wäre die Leere die Kopie eines vollständigeren Absoluten, weshalb es leicht ist zu glauben, dass man das Reale bereits erreicht hat und nicht nur eine simulierte Kopie des Realen.

Einheit ist nur ein Teil des Pakets des Verstehens. Die Gnostiker erinnern uns in *Der ersten Apokalypse des Jakobus* daran, dass nach unserem Tod eine Diskussion mit den Archonten stattfinden wird. In diesem Text wird nahegelegt, dass wir bestimmte Fragen richtig beantworten müssen. Viele dieser Antworten beinhalten, dass Du weißt, dass Du keine materielle Form bist, dass Du aus dem Pleroma (Wahre Einheit) kommst und dass das Dein wahres Zuhause ist. Außerdem, dass sie (Demiurg/Archonten) nicht aus diesem Bereich stammen und daher keine Macht [und auch nicht das Recht] haben, Dich hier eingesperrt zu halten. Im ägyptischen Totenbuch gibt es eine sehr ähnliche Frage-und-Antwort-Runde, bei welcher der Verstorbene alle Namen eines Bootes kennen muss, wobei das Boot die symbolischen Teile der Realität darstellt. Natürlich kann es sein, dass es dazu weder eine Frage noch eine Antwort gibt, also lediglich nur eine metaphorische Erklärung dafür, welche Konzepte in unserem Bewusstsein und Energiekörper im Bereich nach dem Tod aufbewahrt werden müssen. Das Problem besteht darin, wie mein Buch aufzeigt, dass diese Art spiritueller Arbeit nur die Hälfte eines riesigen Puzzles ist.

Es macht im Grunde genommen keinen Unterschied, wie wach oder erleuchtet jemand ist, wenn er nicht weiß, was die Reinkarnationsfalle nach dem Tod ist, beziehungsweise auf welche Weise eine simulierte Matrix über diese Realität gelegt wurde. Die andere Seite dieser Arbeit besteht darin, zu erkennen, dass dies eine Welt der Kontrolle und Manipulation ist und dass alles in unserer Welt vom Standpunkt der Gesellschaft (Regierung, Wissenschaft, Banken, Geschichte, Bildung, Medizin, Recht, Medien usw.) alles nur eine Reihe von Täuschungen ist. Und es ist nicht nur im Bereich der Erde, alles was wir sehen und nicht sehen können, ist Teil der Matrix. Der Bereich der Planeten ist eine weitere Lüge, ebenso wie der Astralbereich. Alle sind dazu da, uns zu Gastgebern [Wirt] für nicht-physische parasitäre Wesen zu machen. Die materielle Welt funktioniert und fungiert als Parasit, weil sie eigens dafür geschaffen wurde, eine durch eine Spiegelung erzeugte Simulation einer viel realeren Realität[36].

Beim Navigieren durch all das ist es hilfreich, die Konzepte von Leere und Einheit zu kennen, weil es dann vergleichsweise schwieriger wird Dich manipulieren zu können. Es wird jedoch wahrscheinlich versucht, Dich zu manipulieren und Dich zurück zu bringen, wenn du den Zyklus nicht verstehst. Diejenigen, welche nach dem eingetretenen Tod in Liebe und Einheit bleiben, fühlen sich nach dem Übergang höchstwahrscheinlich gut, aber sie werden womöglich der toten Oma, Jesus oder einem Engel-Wesen in den Tunnel des Lichts folgen (weil es so liebevoll ist und sich so gut anfühlt). Und dann, voilà, zurück in diesem Schlamassel aus dem sie gekommen sind geführt. Das Nirvana dagegen ist ein realer Ort, aber es ist kein Zuhause. So gut und friedlich es sich dort auch anfühlt, die Seele kann dort nie wirklich zur Ruhe kommen. Mit der Zeit wird es unruhig. Platons Höhle ist eine endlose Täuschungsmaschine, eine gigantische Maschine welche mehr Schichten hat als man sich vorstellen kann. Deshalb ist es so schwer, herauszukommen, es gibt so viele Schichten, die man durchbrechen muss.

Bevor man nicht erkannt hat, dass dieses Reich eine böse und künstliche Simulationsfalle für die Seele (beziehungsweise deren Essenz) ist, sind die Chancen dort herauszukommen sehr gering. Das inkludiert auch die sogenannten „erwachten und erleuchteten Lehrer“ da draußen. Jene hatten hier

---

36 Eine interessante Sendung ist die BBC-Theaterfolge „News Benders“ aus dem Jahr 1968. Es ist mehr als erstaunlich, dass es 1968 mit so vielen Details über die Beschaffenheit dieses Reiches erstellt, ausgestrahlt und präsentiert wurde. Die Episode endet damit, dass wir wissen, dass ein Computer für die Führung der Welt verantwortlich ist. Ich stimme dem voll und ganz zu und dass es schon so lange das Sagen hat. Überlegen Sie jedoch, wie weit dieses KI-Computersystem inzwischen fortgeschritten ist? Erst jetzt (innerhalb unserer normalen Realität) ist die Technologie so weit fortgeschritten, dass wir gewissermaßen erkennen können, was KI potenziell leisten kann Tun. Aber auch hier ist das, was sich hinter den Kulissen abspielt, fünfzig Jahre weiter als das, was tatsächlich passiert.

höchstwahrscheinlich einen wesentlich friedvolleren Verlauf, währenddessen diese auf ihren Stühlen saßen und mit einem lächelnden Gesichtsausdruck über ein Mikrofon zu allen sprachen. Jedoch auch diese werden höchstwahrscheinlich genauso wieder hierher zurückkommen wie diejenigen, die überhaupt kein Interesse an spirituellen Angelegenheiten hatten. Rufen Sie sich Platons Geschichte in Erinnerung und dass der einzige Gefangene welcher die Höhle verließ „herausgezogen" wurde. Selbst in der Allegorie ging der Gefangene nicht von sich alleine heraus. Nehmen Sie sich das zu Herzen. Meine ehrliche Vermutung ist und das meine ich im Ernst, dass nur einer von zehn Millionen die Reinkarnationsfalle überwinden wird. Das sind einhundert pro Milliarde. Das könnte es sein. Denke also nicht automatisch, dass Dein sogenannter Guru oder erleuchteter Lehrer einer dieser hundert sein wird. Gehe auch nicht automatisch davon aus, dass Du dabei bist. Bei den Meisten welche aussteigen, handelt es sich wahrscheinlich um Menschen, von denen noch nie jemand etwas gehört hat, weil sie ihre innere Arbeit alleine verrichteten und es möglicherweise noch nicht einmal gegenüber nahestehenden Familienmitgliedern erwähnten.

Erinnere Dich daran sobald jemand in die Reinkarnationsfalle tappt, nach einer erfolgten Extraktion aller Erinnerungen im Westworld-Stil, wird er im Anschluss lediglich in einen neuen Körper gesteckt. Alles aus diesem jetzigen Leben wird vergessen sein. Dann würde sogar das „Wissen um die Einheit" und die Existenz in der „nicht-dualen Leere" null und nichtig gewesen sein. Bedeutet zurück in einem neuen Körper verbunden mit der Notwendigkeit, DEINE GESAMTE SPIRITUELLE ARBEIT noch einmal zu erledigen. Denk darüber nach. All die großartige innere Arbeit, welche von diesen Menschen geleistet wurde (und einige haben, gelinde gesagt, großartige Arbeit geleistet), würde bei der Löschung deiner Erinnerungen verloren gehen, wenn Du dem Licht/der Brücke folge leistest und in einen neuen Körper zurückversetzt wirst. Ich weiß, dass der Typ Guru versuchen wird, wenn Du das Argument bringen würdest, Dich davon zu überzeugen zu wollen, dass er oder sie bereits so weit fortgeschritten ist, dass er oder sie alle Erinnerungen in einen neuen Körper mitnehmen würde. Alternativ würde er behaupten, dass er oder sie längst im Begriff ist, ein Lichtwesen oder Lichtarbeiter zu werden oder noch ein ganz anderer Begriff mit Licht. Mache Dir nichts vor, alle diese werden wieder hier sein und genauso ignorant und unwissend wie zuvor. Das Erkennen der Wahrheit geschieht meist durch ein Trauma, nicht über Frieden. Je stärker jemand genötigt ist, diese verrückte [bizarre] Realität welche uns umgibt in Frage stellen zu müssen, desto größer ist auch die Wahrscheinlichkeit, dass man darüber hinaus gehen kann und die ursprüngliche Herkunft dieses Reiches erkennt. Richard Rose sagte gegenüber seinen Schülern oft: „Du suchst nicht wirklich Frieden, Du suchst lediglich Antworten." Und deshalb sage ich: Wenn Du in diesem Leben all diese Arbeit leisten und Illusionen zerstören willst, warum nicht gleich den gesamten Weg gehen? Denn wenn Du das nicht tust, verlierst Du alles was Du hier bereits an Bewusstsein erreicht hast. Mache die tiefe innere Arbeit, nicht für ein besseres oder ein einfacheres Leben oder gar um ein bedeutenderes Leben zu haben, sondern um die Wahrheit und das wahre Selbst so vollständig wie möglich zu erkennen, damit Du die einzige Aufgabe erfüllen kannst, die wir jemals hatten – nach Hause zurück zu kehren.

Der Ursprung des Raubtiers

„So erschien zum ersten Mal ein Herrscher aus dem Chaos, der wie ein Löwe aussah, androgyn war, ein übertriebenes Machtgefühl in sich trug und nicht wusste, woher er kam. „Apokryphon von Jakobus über den Demiurgen[37]

Ich habe in den ersten beiden Kapiteln viele Konzepte erwähnt, aber es ist an der Zeit, einige davon etwas ausführlicher zu beleuchten. Die Höhlenanalogie von Platon ignoriert völlig die Frage, wie und warum die Höhle geschaffen wurde. Die Höhle und die Gefangenen sind bereits da, als die Geschichte ohne weitere Erklärung beginnt. Die meisten Schöpfungsmythen, egal ob sie aus alten Kulturen, Religionen oder einheimischen Traditionen stammen, neigen dazu, den Dingen eine „glückliche Wendung“ zu geben. Gott, ein liebevoller Schöpfer, hat die materielle Welt für positive Zwecke geschaffen. Im Allgemeinen sind diese eher vereinfacht: Ein Gott hat den Himmel und die Erde erschaffen, dann die Geschöpfe und es geht schnell zu mythologischen Geschichten über diese Geschöpfe über.

Es gibt einige einzigartige Schöpfungsgeschichten, die eine andere Erzählung darlegen. Es gibt einige, die ein ähnliches Thema wie dieses Buch präsentieren, nämlich, dass es sich um ein simuliertes Reich handelt, das von einem bösen Schöpfer geschaffen wurde. Interessant ist, dass im Allgemeinen die Gruppen, die solche Geschichten verbreitet haben, von der Kirche Roms gejagt und ausgerottet wurden. Ich werde fünf einzigartige Quellen vorstellen, alte und moderne. Die Katharer Südfrankreichs, die Gnostiker, die den Nag-Hammadi-Kodex geschrieben haben, die außerkörperliche Erfahrung von Robert Monroe im Jahre 1971, die Bücher von Carlos Castaneda und eine Vision, die ich 2009 hatte. Ich denke, sie alle liefern eine gewisse Grundlage dafür, was

37 John Lamb Nash, *Not In His Image* S. 181 (Übersetzt mit DeepL)

unser Reich ist, „warum wir hier sind" und woher einige meiner Thesen stammen. Ich behaupte nicht, dass eine davon völlig richtig ist, aber wie ein Puzzle geben sie uns einen Teil des Ganzen um es zu verstehen. Sie können die Höhle nicht verlassen, bis Sie wissen, warum die Höhle überhaupt geschaffen wurde.

Die Katharer

Ich beginne mit den Katharern Südfrankreichs. Sie waren eine dualistische Gruppe, vor der die katholische Kirche solche Angst hatte, dass sie 1209 den ersten Kreuzzug gegen ihr eigenes Volk startete, um es auszurotten. Diese Gruppe wird in einem Kapitel der Englischen Ausgabe untersucht. Ihr Hauptglaube bestand darin, dass dies eine Welt sei, wo Seelen in der Reinkarnationsfalle gefangen waren. Ihre Lehren sollten diesen ständigen Zyklus der Inkarnation beenden. Die Katharer hatten keine Angst davor, nach dem Tod in die Hölle zu kommen, weil sie der Meinung waren, dass die einzige Hölle, die existierte, dieser materielle Bereich sei. Die Reinkarnation war die Angst, denn sie würde sie zurück in einen Körper und damit zurück in diese Hölle zwingen.

Die Katharer sahen zwei Schöpfer: Den guten Gott des *Neuen Testaments*, welcher der Schöpfer des spirituellen Reiches (und alles Dauerhaften) ist, im Gegensatz zum bösen Gott, jener welchen die Katharer als Rex Mundi (Gott der Welt) identifizierten. Dieser ist der *Alttestamentlicher* Schöpfer der physischen Welt (alles, was sich verändert). Alle sichtbare Materie, einschließlich des menschlichen Körpers, wurde von Rex Mundi erschaffen und war daher mit Sünde behaftet. Nicht wegen etwas, das Eva oder Adam getan oder nicht getan haben, sondern einfach, weil die materielle Welt künstlich ist (ein Hologramm oder eine Simulation). Im Allgemeinen wird Rex Mundi mit Satan gleichgesetzt, häufiger wurde er jedoch mit der gefallenen Engelsvorstellung von Luzifer (Lichtträger) in Verbindung gebracht. Diese Vorstellungen brachten sie natürlich in direkten

Widerspruch zur Kirche Roms, deren Grundprinzip darin bestand, dass es nur einen Gott gab, der alles Sichtbare und Unsichtbare erschuf. Die Katharer standen in den meisten ihrer Glaubensrichtungen im Widerspruch zur Kirche.

Möglicherweise gab es mehrere Schöpfungsgeschichten, an die die Katharer glaubten. Die Häufigste war eng mit dem gnostischen Schöpfungsmythos von Sophia verbunden, in dem sie glaubten, Rex Mundi habe eine Reihe von Engeln dazu gebracht, den Himmel zu verlassen. James McDonald von www.cathar.info behauptet, dass die Geschichte der menschlichen Schöpfung durch die Katharer begann, als Rex Mundi in den Himmel kam und eintreten wollte, was ihm jedoch verweigert wurde. Er wartete tausend Jahre und schaffte es dann, sich einzuschleichen. Im Inneren versprach er den Engeln alle möglichen Versuchungen, wenn sie mit ihm den Himmel verlassen würden. „*Viele Seelen wurden verführt und fielen neun Tage und neun Nächte lang durch das Loch im Himmel, das der Teufel geschaffen hatte. Gott ließ dies für diejenigen zu, die gehen wollten, aber andere Seelen begannen (zufällig) durch das Loch zu fallen und so versiegelte Gott es. Nachdem die Seelen gefallen waren, befanden sie sich im Reich des Teufels, ohne die guten Dinge, die er versprochen hatte und als sie sich an die Freuden des Himmels erinnerten, bereuten sie und fragten den Teufel, ob sie zurückkehren könnten. Der Teufel antwortete, dass sie es nicht könnten, weil er für sie Körper geschaffen habe, die sie an die Erde fesseln und sie den Himmel vergessen lassen würden.*“[38] Die Behauptung ist, dass Rex Mundi zwar die Körper erschaffen konnte, sie aber nicht zum Denken, Fühlen oder Bewegen anregen konnte, also bat er den guten Gott um Hilfe, der dies tat und ihnen eine Seele gab, damit sie zu ihm zurückkehren konnten. Wie konnte Rex Mundi Tiere, Vögel und Fische erschaffen und ihnen erlauben, sich zu bewegen, zu fühlen und zu handeln, aber nicht Menschen?

38 Dieser Schöpfungsmythos ist unter http://www.cathar.info zu finden

Eine ähnliche Schöpfungsgeschichte stammt aus dem Text *Das geheime Abendmahl – Das Buch des Evangelisten Johannes,* der ursprünglich ein bogomilischer[39] Text war, aber während der Inquisition bei einigen Katharern gefunden wurde. Du kannst es hier selbst nachlesen,[40] ich werde jedoch nur ein paar Höhepunkte eines Gesprächs zwischen Jesus und Johannes im Himmel nennen. Dieser Mythos besagt, dass Gottes Engelsbruder (Satan) buchstäblich auf die Erde fällt und zunächst weiß und schließlich rot leuchtet. Dieser würde natürlich zu Luzifer, dem gefallenen Engel werden und oft sind diese beiden Namen (Satan und Luzifer) austauschbar. Erstens behauptet der Text, dass Satan eine Reihe von Engeln rekrutierte und dann, als er auf der Erde war, alle Lebewesen formte. Pflanzen, Tiere, Fische, Vögel und schließlich ein Mann und eine Frau aus Ton (die ebenfalls mit einem Engel belebt wurden). Das würde die gesamte Geschichte der Genesis zur Schöpfungsgeschichte Satans machen. Am Ende des Buches erzählt Jesus von seiner eigenen Geburt und seinem Abstieg vom Himmel und davon, wie Satan Elia in Gestalt von Johannes dem Täufer in das Reich sandte, um ein falsches System der Wassertaufe zu beginnen. Das Buch endet mit der Beschreibung eines Jüngsten Gerichts, bei dem diejenigen, die gläubig waren, mit dem guten Gott und Jesus zusammenleben werden, während Ungläubige und Satan gefesselt und in eine Feuerlache geworfen werden.

39 Dualistische Gruppe aus Südosteuropa

40 http://gnosis.org/library/Interrogatio_Johannis.html (Englische Seite)

Die Gnostiker[41]

„Die Welt ist durch einen Fehler entstanden." Philippus Evangelium[42]

Der vollständigste Mythos, den wir über die Schöpfung haben, stammt von den Gnostikern. Ihnen gelang es, einen Schlüsselkodex in den Hügeln oberhalb von Nag Hammadi, Ägypten, zu verstecken, bevor sie im 3. Jahrhundert von den Katholiken zerstört wurden. Jeder Gnostiker, der gefunden werden konnte, wurde getötet und jedes Buch, das er hatte, wurde verbrannt. Wie der *Nag-Hammadi-Kodex* überlebt hat, ist an sich schon ein Wunder. Das Wort „Gnosis" bedeutet auf Griechisch „Wissen", aber es handelt sich dabei um eine andere Art von Wissen. Der lateinische Ausdruck „Wissen ist Macht" bezeichnet eine Macht, die im materiellen Bereich zu finden ist. Gnosis ist jedoch Freiheit, denn sie ist ein inneres Verständnis über das, was jenseits dieses Bereiches liegt.

Während mehrere Forscher ihre Interpretationen der Schöpfungsmythen der Gnostiker dargelegt haben, liefert John Lash den meiner Meinung nach vollständigsten Bericht aus seinem 2006 erschienenen Buch *Not in his Image* und seiner alten Website www.metahistory.org. Ich werde in einem späteren Kapitel, der Englischen Ausgabe, näher auf die verschiedenen Überzeugungen der Gnostiker über die Realität eingehen. Vorerst präsentiere ich eine vereinfachte Version ihrer Schöpfungsgeschichte, die man auch „Fall der Sophia" nennen kann.

---

41 Informationen zum Schöpfungsmythos von https://gnosticismexplained.org/the-gnostic-creation-myth/ https://www.bibliotecapleyades.net/vida_alien/esp_vida_alien_18v.htm und Lash, John, *Not in His Image*

42 Nag Hammadi Codex 2 gefunden bei Gnosis.org

Gnostiker waren wie die Katharer Dualisten. Sie glaubten das es einen guten Gott (absolut, unsichtbar) gab, der zusammen mit einer weiblichen Hälfte (bekannt unter dem Namen Barbelo) eine Reihe spiritueller Wesen hervorbrachte, die „Äonen“ genannt wurden. Sie wohnten in einer Art Himmel, der als Pleroma bekannt ist, was übersetzt „Fülle“ bedeutet. Eine dieser Äonen war die Göttin Sophia, die allein ein Wesen gebären wollte, ohne die Beteiligung eines Partners oder die Zustimmung des guten Gottes (Vaters). Was sie zur Welt brachte, bezeichneten die Gnostiker als eine Art Abtreibung und nannten sie Demiurg „Handwerker“. Abtreibung bedeutet hier etwas, das nicht gewollt und vorzeitig ausgestoßen wurde. Vielleicht entwickelte sich der Demiurg deshalb zu einem bösen KI-ähnlichen Geist. Gnostische Texte beschrieben diese Kreatur als „mit einem löwenähnlichen Körper und einem Reptilienkopf“. Der Demiurg erhielt auch den Namen Jaldabaoth. Er ist das Wesen, das den gesamten materiellen Bereich (einschließlich der verschiedenen Astralbereiche) erschaffen hat. Zuerst erschuf der Demiurg eine Reihe von Schergenhelfern, anorganische Kreaturen, die einem Computer ähneln und als Archonten bekannt sind.[43]

Um die materielle Welt zu erschaffen, schuf der Demiurg ein Spiegelbild des Guten Ortes (Pleroma). Die Schöpfung wurde von Gnostikern als Simulation (HAL auf Koptisch) bezeichnet, die zu einer umgekehrten Welt, zu der Welt wurde, von der sie kopiert worden war. Alles in unserer Realität ist eine Art Hologramm; von der Erde, über Planeten bis hin zu Lebewesen. Die Gnostiker behaupteten, der Schöpfergott des *Alten Testaments* sei der Demiurg

43

? Archon wird im Allgemeinen als „Gouverneur einer Provinz“ oder „religiöse oder staatliche Autorität“ übersetzt. Daher wird der Plural „Archonten“ in gnostischen Texten oft mit „die Autoritäten“ übersetzt und ist ein Versuch von Forschern, sie zu den menschlichen römischen Herrschern der damaligen Zeit zu machen. Die Gnostiker hätten sie als „irdische Wesen unter dem Einfluss der Archonten“ angesehen. Archonten stammen aus dem nichtorganischen Reich des Demiurgen. (Es gibt kein koptisches Wort für Archon, daher verwenden gnostische Texte den griechischen Begriff in der koptischen Transliteration.)

und nicht der gute Gott des Pleromas. Als Sophia das Ergebnis ihres Geburtsversuchs sah, wurde sie depressiv, voller Schuldgefühle und weinte ständig. Der göttliche Vater sah ihren Schmerz und vergab ihr, forderte sie jedoch auf, im neunten Himmel zu bleiben (der Schicht des Himmels, die dem Pleroma am nächsten liegt, über Jaldabaoth), um einen Weg zu finden, ihren Fehler zu büßen.

Der Demiurg und die Archonten bemerkten, dass Gott ein besonderes Geschöpf erschaffen hatte, ein himmlisches Wesen namens Adam. Auch sie wollten ein solches Wesen und versuchten, es zu erschaffen. Aber es sie schafften es nicht, diesem Leben einzuhauchen. Dies ist das gleiche Konzept wie in den Schöpfungsgeschichten der Katharer (was einen eindeutigen Zusammenhang aufweist), aber es bleibt die Frage, warum der Demiurg alle Vögel, Fische und Tiere zum Leben erwecken konnte, nicht aber die ersten Menschen? Ich habe noch keinen Forscher gesehen, der eine Antwort auf diese Diskrepanz geben konnte. Die gnostischen Texte behaupten dann, dass vom guten Gott gesandte Wesen, aus dem Pleroma, zum Demiurgen kamen und vorschlugen, sie könnten den geschaffenen Menschen zum Leben erwecken. Diese Pleroma-Wesen ließen einen Funken in den ersten Mann von Sophia übergehen. Er wurde lebendig. Dies würde es dem ersten Menschen und allen nachfolgenden Menschen ermöglichen, den Funken des Göttlichen in sich zu tragen. Dies würde sie spiritueller und mächtiger machen als den Demiurgen oder seine Archonten. Gleichzeitig erlaubten die Wesen Sophia durch dieses Manöver, ihren Fehler zu rechtfertigen.

Um die Geschichte zu vereinfachen (es ist ein sehr langer und detaillierter Bericht über die Schöpfung), wurden die Archonten eifersüchtig auf den neuen Menschen, weil er über mehr innere Macht verfügte als sie und machten ihn deshalb sterblich. Es wurde ein Garten Eden geschaffen, der alle möglichen materiellen Freuden und Nahrungsmittel umfasste, um ihn von seiner göttlichen Natur abzulenken. Die Archonten versuchten, diese Macht zu erlangen, indem sie ein Stück Adam nahmen und es in eine neue Kreatur, Eva, steckten. Adam sah Eva als sein Gegenstück in der Materie und sie vereinigten sich. Den Gnostikern erschien Christus nun als die Schlange. Diese zeigte ihnen, dass sie vom Baum der Erkenntnis (Gnosis) essen sollten (im Gegensatz zum Baum des Guten und Bösen im Alten Testament), wodurch Adam und Eva ihr vollständiges Wissen über die Schöpfung und die Archonten wiedererlangten.

Der Demiurg vergewaltigt nun Eva und wirft sie und Adam aus dem Garten Eden. Eva gebar daraus zwei Söhne, Kain und Abel, auch „Jahwe" und „Elohim" genannt (zwei Namen für „Gott" im *Alten Testament*). Keiner von ihnen empfing den göttlichen Funken. Diese beiden könnten in unserem modernen Denken als „Hybride" angesehen werden, teils Mensch, teils KI-Maschine. In den Texten heißt es, dass Adam und Eva einige Zeit später einvernehmlichen Sex hatten und einen weiteren Sohn bekamen, den sie Seth nannten. Er erlangte den göttlichen Funken. Der Demiurg wurde wütend. Nun gab es ein anderes Wesen mit mehr Macht als er, also zwang er „Adam, Eva und Seth, das „Wasser des Vergessens" zu trinken, damit sie ihre Gnosis verlieren würden. Obwohl vergessen, war der Funke der Gnosis immer noch in allen dreien und als solche hat die gesamte Menschheit (die kein Hybrid ist) Zugang zu demselben göttlichen Funken, der über Generationen hinweg weitergegeben wurde. In den Texten heißt es, dass genau wie Adam und Eva Christus brauchten, um ihnen dies zu offenbaren (als Schlange), Christus erneut zurückkehrte (möglicherweise in holographischer Form), um die gleiche Offenbarung für die gesamte Menschheit zu tun. Im Allgemeinen wird Christus im *Nag Hammadi Codex* mit dem Titel „Erlöser" bezeichnet.

Den Gnostikern war klar, dass die Archonten (aus Eifersucht) ständig versuchten, die Menschen daran zu hindern, ihren göttlichen Funken zu erreichen. John Lash hat behauptet, dass sie durch Telepathie und Suggestion Einfluss nehmen und dann haben wir die Wahl, diesen hypnotischen Suggestionen zu folgen oder nicht. Jedes Mal entfernen wir uns einen Schritt weiter von unserer menschlichen Mitte. Daher ist die vollständige Kontrolle über unseren Geist und unsere Energie die einzige Art und Weise, wie wir ihre Versuche überwinden uns dazu zu bringen, „Irrtum“ zu wählen. Lash behauptet, dass Gnosis das ist, was diese Falle überwindet. Eine Art „yogische noetische Wissenschaft, die mit Parapsychologie verschmolzen ist“. Dieses kann der Schüler durch das Wissen und den Einsatz von Energie, Sex, spirituellen Übungen, klarem Sehen und außerkörperlichen Erfahrungen erreichen. Hierdurch kann er seine völlige Freiheit wiedererlangen.

Einer, der kürzlich versucht hat, diese gnostische These darzustellen, war der amerikanische Autor Philip K. Dick in seiner *Valis-Trilogie*. Diese Bücher und die Verbindung zu Sophia sollen nach einem mystischen Erlebnis im Jahr 1974 entstanden sein, bei dem er das Herunterladen von Informationen in seinen Geist erlebte (ähnlich wie bei meinem Todeserlebnis im Jahr 2005).[44] Die Valis-Bücher versuchen zu zeigen, dass wir mit der Weisheit der Gnosis unsere Täuschung und Opferrolle überwinden können.

---

44 https://blog.oup.com/2016/07/philip-k-dick-spiritual-epiphany/ https://en.wikipedia.org/wiki/The_Exegesis_of_Philip_K._Dick

Loosh wird zurückgesetzt[45]

Ich habe in dem Buch über Resets gesprochen und dachte, dass dies etwas ausführlicher besprochen werden sollte. Ein Reset in der hier verwendeten Terminologie bedeutet „eine Aktion, die von kontrollierenden Wesen in Gang gesetzt wird, um das Gefüge der Umwelt dieses Reiches vollständig zu verändern." Je mehr Du diese Realität verstehst und weißt, dass Menschen nur ein kleiner Teil eines größeren Ganzen sind, desto klarer wird, was bei Resets wirklich vor sich geht. Um diesen Bereich zu näher zu erklären, werde ich die Standpunkte von Robert Monroe (der diese Informationen über eine außerkörperliche Erfahrung, die er vor fünfzig Jahren hatte niederschrieb) und Carlos Castaneda teilen und diese mit einer Vision vergleichen, die ich 2009 in einer indianischen Zeremonie hatte. Vielleicht erfahren wir von ihnen genaueres, womit wir es zu tun haben, wenn es darum geht, wo wir waren, wo wir sind und wohin wir gehen.

Robert Monroe wurde zum führenden Forscher auf dem Gebiet außerkörperlicher Phänomene. Im zwölften Kapitel seines Buches *Der zweite Körper* stellt er eine „außerkörperliche Erfahrung" (Out-of-Body Experience, OBE) vor, bei der er ein Lichtwesen traf, das ihn mit Einzelheiten über unser Reich versorgte. Das Wesen beschrieb die Erde als ein riesiges Experiment für die „Schöpferwesen", um das perfekte Loosh-Erntesystem aufzubauen. „Loosh" ist ein Wort, das Monroe geprägt hat, um eine bestimmte Art erntebarer Energie zu bezeichnen, die die Schöpferwesen (Demiurg und Archonten) benötigen. Während ein Teil der Energie bereits zu Lebzeiten gewonnen wird, wird der Großteil bei ihrem Tod verbraucht. Diese Energie soll vom Demiurgen und den Archonten genutzt werden, um „ihre eigene Lebensspanne zu verlängern". Ich würde argumentieren, dass dieser Ausdruck in Computersprache

---

45 Informationen zu Monroes Erfahrungen finden Sie in seinem Buch *Der zweite Körper* und einer Analyse von Bronte Baxter Tracking the Crack in the Universe - Loosh 101 & Tracking the Crack in the Universe - Loosh 102 https://brontebaxter.wordpress.com

übersetzt bedeutet, dass die Energie in das Stromnetz der Computersimulation eingespeist wird, um es am Laufen zu halten und somit „die Lebensdauer der Simulation zu verlängern". Um dies zu erreichen, wurde von „diesen Wesen" ein „Garten" angelegt, um ihre Nahrungsquelle zu bewirtschaften.

Unsere Welt wird von dem dominiert, was wir „Nahrungskette" nennen, dem Bedürfnis, andere Dinge zu essen, um zu überleben. Monroe stellt dar, dass die Nahrungskette nur dazu gedacht ist, den „Loosh" beim Tod zu maximieren. Kein Lebewesen kann auf der Erde oder in diesem Reich lange überleben, ohne etwas zu essen. Ein Vegetarier denkt vielleicht, das Essen einer Karotte sei nicht das Gleiche wie das Essen einer Ente, aber bei jedem handelt es sich um lebende Organismen, die nur hier sind, um Teil der Loosh-Farm zu sein und ihr Tod ist aus dieser Perspektive derselbe wie der Tod jedes anderen Lebewesens. Wenn wirklich ein guter Gott, derjenige Schöpfer gewesen wäre, der diesen Ort errichtet hat und wenn Energie nötig gewesen wäre, um ihn am Laufen zu halten, hätte ein viel besseres System entwickelt werden können. Die Menschen versuchen, dieses Problem zu ignorieren, aber es ist wichtig zu erkennen, dass der einzige Grund für die Existenz einer Nahrungskette darin besteht, dass sie aus dem Geist des Bösen stammt.

Wenn Sie dieses Kapitel sorgfältig lesen, scheint Monroe anzudeuten, dass es mehrere Kreationen dieses Weltexperiments, sowie mehrere Neugründungen und Abrisse gegeben hat. Verschiedene Resets wurden in die Tat umgesetzt, jedes Mal auf der Suche nach einem besseren System zur Produktion von Loosh. Es wird fast offensichtlich, dass Monroe eine eher konventionelle Version der Erdgeschichte erzählt, allerdings mit der Wendung, dass es hier um die Produktion von Loosh geht und nicht um eine evolutionäre Reise. Sein Kapitel deutet darauf hin, dass die Dinosaurier möglicherweise die ersten Prototypen der Lebewesen zur Ernte von Loosh in dieser Realität waren. Ja ich weiß, viele Menschen glauben nicht, dass es Dinosaurier gab, aber ich glaube, das ist eine Reaktion auf die Erkenntnis, dass die von der

Wissenschaft präsentierte Standardgeschichte keinen Sinn ergibt. Daher wird das gesamte Konzept der Dinosaurier abgelehnt. Möglicherweise gibt es eine Antwort für Dinosaurier und für uns und Robert Monroe könnte Hinweise gegeben haben, wie man sie herausfinden kann.

Da Dinosaurier die ersten Schöpfungen waren, erkannte der Demiurg entweder rechtzeitig, dass sie keinen ausreichend hohen Loosh-Gehalt liefern konnten oder die Dinosaurier fanden einen Weg, die Ernte zu blockieren. Folglich wurden sie beim ersten Reset ausgelöscht (weshalb die Dinosauriergeschichte so kontrovers ist). Es geschah nicht durch einen zufälligen Asteroiden. Man könnte es die erste Flut nennen, einen vorsätzlichen Akt der Zerstörung. In Monroes Buch heißt es, dass damals neue Loosh-Kreaturen erschaffen wurden, die wie moderne Pflanzen und Tiere aussahen. Vielleicht gab es in diesen frühen Versionen auch Kreaturen, die wir heute Neandertaler und Cro-Magnon Mensch nennen. Sie scheinen beide viel besser auf diese Umgebung eingestellt gewesen zu sein, mit dichter Körperbehaarung, die als eine Art Fell fungierte und den Bedarf an Kleidung verringerte.

Die Leiter des Experiments stellten fest, dass die Loosh-Ernte sehr hoch ausfiel, wenn die Lebewesen um knappe Ressourcen kämpften oder es zu Konflikten kam. Deshalb wurden den Tieren Reißzähne, Krallen oder große Geschwindigkeit verliehen, um diese „Kämpfe auf Leben und Tod" so lang wie möglich in die Länge zu ziehen und so noch mehr Loosh zu erzeugen. Mehr Leid, insbesondere vor dem Tod, bedeutete mehr Loosh. Auf diese Weise könnten auch die Systeme der Menschenopfer entstanden sein. Eine Forderung der „Götter", ihnen ein schönes Spektakel vom Leiden und Sterben zu bieten, bei dem Essen und Unterhaltung kombiniert werden. Immer mit der Hoffnung, dass die Götter denjenigen, der es darbietet, nicht als Opfer „fressen" würden. Es gäbe nicht nur eine gute Loosh-Ernte, sondern sie könnten den Menschen, die sie ernten, auch glauben machen, sie würden „die Götter besänftigen" und die

Dinge hier auf der Erde besser und sicherer machen. Sogar Jesus war ein Blutopfer. Sie fanden auch heraus, dass Leiden, insbesondere außergewöhnliche Angst, ebenfalls mehr Loosh hervorrufen würde und so wurde das Reich so verändert, dass es ständige Angst erzeugt. Natürlich wurde den Kontrolleuren mit der Zeit klar, dass sie nicht einmal echte Bedrohungen erzeugen mussten, vor denen die Menschen Angst hatten. Es reichte lediglich „Nachrichten" zu verbreiten, dass es eine Bedrohung geben könnte. Das war ausreichend.

Konflikte, Opfer und Nahrung für die Götter wurden auch in Bronte Baxters Artikeln thematisiert, ähnlich wie Monroe es in den alten Texten Indiens darlegte: „Das Universum wird durch Opfer aufrechterhalten" (Atharva Veda) und „Der Tod (als der Schöpfer) beschloss, alles zu verschlingen, was er geschaffen hatte, denn er isst alles.... Er ist der Esser des gesamten Universums; dieses ganze Universum ist seine Nahrung." (Mahabharata)[46]

Mit der Erkenntnis, dass Konflikte zu größeren Ernteerträgen führten, schrieb Monroe, dass die Schöpferwesen die vorherige Welt zurücksetzten und diese neue, als neues Experiment einführten. Diese neue Welt umfasste ein neues Wesen... uns. Wir wurden als Geschöpf geschaffen, um diese hohen Konfliktniveaus zu erzeugen und diese hohen Leidensniveaus zu verursachen, die die Kontrolleure dieses Experiments wollen. Die menschliche Seele will kein Leid und keinen Konflikt - es ist DAS, was die Beherrscher des Experiments wollen.

Natürlich habe ich eine verkürzte Analyse von Monroes Kapitel gegeben. Ich empfehle Dir, es selbst zu lesen, wenn Du Zugriff auf dieses Buch hast. Das Leben von Monroe wird nach dieser Erfahrung sehr seltsam. Es wird behauptet, dass er zunächst zwei oder drei Wochen lang in eine Depression verfiel. Als er

46 Bronte Baxter
https://www.bibliotecapleyades.net/vida_alien/alien_archons93.htm

damit fertig war, schrieb er das Kapitel und sprach dann nie wieder über das Thema. Sogar sein Institut, das größte OBE-Forschungszentrum seiner Art, hat im Allgemeinen nichts zu Kapitel zwölf, Loosh oder der Energiegewinnung durch außerirdische Wesen zu sagen. Aus Spaß bin ich auf die Website gegangen und habe nach dem Begriff „loosh“ gesucht. Es wurde kein einziger Link gefunden. Er war der Begründer dieses Konzepts und dieses wird auf der Website seines Instituts nicht einmal erwähnt. Wie seltsam ist das?

Ich kann Monroes Grundgeschichte übernehmen und weitere Ideen hinzufügen, die auf Erkenntnissen und meinen eigenen Erfahrungen basieren. Im Laufe der Zeit beschlossen die Leiter dieses Experiments, uns geistig zu schwächen und gaben uns einen selbstgefälligen Geist. Menschen sind in diesem Bereich tatsächlich mächtige Wesen. Aber diese Macht wurde absichtlich verborgen und vertuscht. Die neuen Menschen wurden geschaffen, um in diesem Reich nicht ohne weiteres überleben zu können und sich daher ständig fehl am Platz zu fühlen, als ob wir die Götter „bräuchten“, die uns sagen, was wir tun und wie wir sein sollen. Sie sagten uns, wir müssten ihnen vertrauen und dann gaben sie uns Geld, Gesetze, Regierung und alle anderen Kontrollsysteme, um sicherzustellen, dass wir leicht „eingesperrt“ werden konnten. Daher ähneln die Versuchsleiter modernen Landwirten, die sich im Winter um Schafe oder Kühe in einem Stall kümmern - ihnen gerade genug geben, um durchzukommen, aber nicht genug, um ohne den Landwirt zu leben. Der Bauer glaubt zu wissen, was das Beste für die Tiere ist. Er glaubt das er über ihnen steht, dass die Tiere nur für seinen Eigenbedarf da sind, um dem ihm mehr Geld zu verschaffen, damit er eine neue Scheune bauen oder einen neuen Traktor kaufen kann.

Im Laufe der Zeit gab es viele Mini-Resets, um hier und da Dinge zu optimieren. Die gängige alternative Theorie zu früheren Resets lautete in der Regel: „Menschen werden zu schlau“ oder „zu viele finden Dinge heraus“, also muss das System uns aufhalten. Das ist selbstgefälliges Denken. Bei Resets geht es im Kern einfach um Energie. Eine Theorie besagt, dass das gesamte Computer-KI-System Leistungsverbesserungen benötigt und daher die wichtigsten Lebewesen in diesem Bereich, die Loosh erzeugen, aufgerüstet werden. Darum geht es möglicherweise beim aktuellen Reset, in dem wir uns gerade befinden: Wir werden „aufgerüstet", um in Zukunft größere Energieerträge zu erzielen. Es hat nichts mit Handel, Geschäft oder dem Besitz der Menschen zu tun. Das sind alles Fehlleitungen zum Gesamtbild. Es geht darum, einen neuen Loosh-Menschen zu erschaffen, in diesem Fall einen, der teils Mensch und teils Roboter ist, einer, der unter vollständiger Kontrolle und Überwachung steht. Die Eliten unseres Reiches sind die Bauern und sie arbeiten daran, uns einzusperren und abzulenken, bis der Schlachtwagen kommt um uns abzuholen.

Hier leben wir seit Jahrhunderten, abgeschnitten von unseren natürlichen Kräften und einer Lüge der Unwissenheit. Ein paar durchbrechen es. Man nennt sie Schamanen. Doch der Rest der Schafe neigt dazu, sie herunterzuspielen. Die Lakaien der Kontrolleure errichten eine Welt, in der jemand, der die Konditionierung durchbricht, schamanenähnlich werden muss, wodurch die Wiedererlangung der eigenen wahren Macht für die Massen fast unmöglich wird.

Es gibt jedoch eine unbeantwortete Frage in Monroes Präsentation. Wenn unsere Seelen das sind, was in dieser materiellen Welt gefangen ist und wenn unsere Seelen vom Demiurgen ausgetrickst werden, um wieder einzutreten, wenn wir sterben (wie von den Katharern vorgeschlagen), wann wurden dann unsere Seelen ursprünglich ausgetrickst um hier zu sein? Waren die Seelen schon zur Zeit der Dinosaurier hier und wenn ja, in was waren diese Seelen gefangen oder enthalten? In Dinosauriern? Frühen Menschen? Im körperlosen Raum? Die gängige Meinung zu diesem Thema ist, dass nur menschliche Seelen hier gefangen sind. Das bedeutet also, dass entweder die menschlichen Seelen vor ein paar tausend Jahren ausgetrickst wurden (als dieser aktuelle große Reset und die Schöpfung stattfanden) oder die Seelen sind nicht so „spezifiziert", wie wir denken und können in jedem Geschöpf der Schöpfung enthalten sein. Wenn man sieht, dass ein Hund, eine Giraffe, ein Rabe, ein Baum oder ein Felsen genauso eine Seele hat wie man selbst, verändert das auch die Art und Weise, wie ein Mensch mit der Welt interagiert.

Dies alles wird durch den Film *Die Monster AG* symbolisiert. Der Großteil des Films handelt davon, wie die Wesen in der „Monsterwelt" in die menschliche Welt vordringen müssen, um die Kinder durch Angst und Schreie (alle Menschen) dazu zu bringen, ihre Welt mit Energie zu versorgen. Das ist so ziemlich die Realität auf den Punkt gebracht. Natürlich spielt der Film mit dem „märchenhaften Happy End", bei dem die Monster lernen, dass Lachen ihnen mehr Energie gibt als Angst. Nein. Wenn die Wesen, die diese Realität regieren, dass geglaubt hätten, hätten sie das Experiment schon vor langer Zeit geändert. Sie testen seit langem die vielfältigen Möglichkeiten. Bei Resets geht es in Wirklichkeit darum, die Ernte von Loosh zu verändern. Sie haben jetzt das Gefühl, dass die Ernte ihnen nicht mehr das gibt, was sie brauchen, vielleicht weil das System größer wird oder schneller läuft. Der Wechsel auf die nächste transhumane Ebene soll eine noch bessere Ernte von Loosh ermöglichen. Eingesperrt in eine künstliche KI-Realität (im Stil der Matrix), könnte das von den Kontrolleuren bevorzugte neue Ernteexperiment sein.

Carlos Castaneda

Carlos Castaneda thematisierte dieses Thema in zwei seiner Bücher. Eines davon war *Die Kunst des Pirschens* wo er die Ideen eines Demiurgen bespricht. Das zweite war in seinem letzten Buch *Das Wirken der Unendlichkeit*, in welcher er die parasitäre Ernte unserer Energie bespricht. Ich werde seine Präsentationen in einem späteren Kapitel (Englische Ausgabe) noch detaillierter untersuchen (da *„Das Wirken der Unendlichkeit* nicht das Buch ist, von dem die Leute glauben, dass es das ist, sondern etwas weitaus Wichtigeres für unser Studium der Reinkarnationsfallen), aber zunächst ein kurzer Überblick dieser beiden Teile des Buches.

Die Kunst des Pirschens [Original Titel: Eagle's Gift] beinhaltet die Darstellung einer Kraft, welche alles Leben erschaffen hat und die er den Adler nannte. Es war also kein echter Adler, sondern er erschien Jenen, die ihn sahen als Adler. Während dieser Adler diese Realität erschuf, so war er auch für das verantwortlich, was hier beim Tod geschieht, Alle die sterben, werden dem Adler dann gegenüberstehen. *„Der Adler verschlingt das Bewusstsein aller Kreaturen, welche kurz zuvor auf der Erde lebendig und jetzt tot sind. Wie ein unaufhörlicher Schwarm Glühwürmchen schweben diese zum Schnabel des Adlers, um ihren Besitzer zu treffen, den Grund warum sie gelebt haben [inkarnierten] … Der Adler entwirrt diese winzigen Flammen, legt diese flach hin, so wie ein Gerber ein Fell ausbreiteten würde und verzehrt diese dann, denn Bewusstsein ist die Nahrung des Adlers.“*[47] Es gibt eine Schlüsselbotschaft, welche in diesem Buch präsentiert wird. Hier behauptet Castaneda weniger, dass der Adler (Demiurg) explizit nur die Energie frisst [konsumiert], viel mehr frisst er dort unsere Lebenserfahrungen. Das ist was er will. Daher ist die Rekapitulation unseres Lebens von so entscheidender Bedeutung. Denn wenn wir ihm unsere Lebenserfahrungen bevor wir sterben übergeben, so besteht kein zwingender Grund mehr, von ihm verschlungen zu werden. Wir können dann etwas finden, welches er [Castaneda], wie „einen Spalt oder einen Moment des Zufalls“

47 Aus Das Wirken der Unendlichkeit von Carlos Castaneda

beschrieb um „am Adler vorbei zu huschen, um [wieder] frei zu sein". Auch dies ist ein weiterer Hinweis dafür, dass es sich mehrheitlich um Lebenserfahrungen handeln muss. Dies würde dieses Reich [diesen Raum im Kosmos] zu einer Art Experiment machen.

Im Kapitel „Schlammschatten" in seinem Buch *Das Wirken der Unendlichkeit* spricht Castaneda über parasitäre Wesen. Es ist interessant, dass er fast bis zu den letzten Kapiteln seines letzten Buches damit gewartet hat, dies der Öffentlichkeit zu offenbaren. Vereinfacht ausgedrückt lautet seine Botschaft, dass anorganische Wesen sogenannte „Raubtiere" oder „Flyer" [anorganisches Bewusstsein/Wesen] den Menschen in eine [streitige, melkbare] Nahrungsquelle verwandelt haben. Was sie konkret essen, ist ein Energiemantel, welchen er „Den leuchtenden Mantel des Bewusstseins „nennt. Dieser Mantel müsste vergleichbar dem sein, was Robert Monroe mit Loosh meinte. Was dieses Raubtier tat um sicherzustellen, dass wir geeignete Nutztiere wurden, war uns seinen Geist [Verstand] zu geben, welche Castaneda eine „parasitäre Fremdinstallation" nannte. Dieser Geist erzeugt Konflikte, Verwirrung, Depression, Angst, Wut, Schuldgefühle und alle negativen Stimmungen. Zugegeben, auch die guten Stimmungen [Emotionen und Gefühle] produzieren erntefähige Energie, nur eben eine „Unterstufe" davon". Dieser parasitäre Geist setzte einen großen Teil unseres wahren Geistes außer Kraft (welcher in uns war, bevor der Parasit installiert wurde). In einem Großteil der ersten Hälfte des Buches *Das Wirken der Unendlichkeit* geht es darum, diese Verbindung zu unserem wahren Geist wieder herzustellen. Auch die Rekapitulation ist Teil dieses Prozesses.

Das Interessanteste an diesem Kapitel ist, dass Don Juan (Carlos Lehrer) Vorschläge macht, wie man sich vom Raubtier befreien kann. Sein Anspruch bestand jedoch nicht darin, hinauszugehen und die Welt in Ordnung zu bringen, sondern sich auf sich selbst zu konzentrieren und „uns so zu disziplinieren, bis zu einem Punkt, dass sie uns nicht mehr erreichen/berühren können."

Disziplin bedeutet in diesem Fall nicht, tägliche Routinen oder Konzentration, sondern „die Fähigkeit sich Widrigkeiten zu stellen, welche nicht unseren Erwartungen entsprechen - die Kunst sich der Unendlichkeit [bedingungslos bzw. unbeugsam] zu stellen, ohne zurück zu schrecken. Nicht etwa, weil Du nur stark und zäh bist, sondern weil Du voller ehrfürchtigem Staunen bist [dem Wirken der Unendlichkeit gegenüber]. Indem man das [in sich] speichert, was Castaneda „Innere Stille" nannte, kann man den leuchtenden Mantel des Bewusstseins für die Flyer „ungenießbar" machen. Wir greifen diese [die Flyer] nicht etwas an, sondern wir sorgen dafür, dass sie den Geschmack unserer Loosh-Energie nicht mögen, damit sie aufhören uns zu konsumieren. „Der große Trick ... besteht also darin, den Geist des Flyers mit Disziplin und innerer Stille zu strapazieren, so dass die Fremd-Installation sich [zunehmend] entfernen wird"

Wie das genau funktioniert, weiß ich nicht. Was ich dazu sagen kann, ist, dass ich mich in Zeiten, in denen ich mich am allermeisten auf die Stille des Geistes konzentrierte, jedoch nicht so sehr auf eine Art von Meditation, sondern nur eine klare Konzentration auf das was ich gerade tat, dann habe ich weniger wilde, verwirrende „mentale Gymnastik" [Gedankenmonologe/innere Selbstgespräche] erlebt. Als ich das zu der Übung hinzufügte, welche Castaneda „die richtige Art zu gehen" nannte, gab es lange Zeitabschnitte, in denen überhaupt keine Gedanken auftauchten. Ich habe die Gedanken nicht „zum Aufhören gezwungen", nur die Art und Weise, wie ich ging, hat mich so sehr auf die Welt konzentriert, dass keine Gedanken mehr auftauchen konnten. Möglicherweise ist das ein Teil dessen was der Flyer frisst, das Denken selbst. Erinnere Dich: Wenn wir jemandem einen interessanten Vorschlag machen, sagen wir: „Gedankenfutter-Denkanstoß" [„food for thought" oder „feedback"].

Es gibt noch eine weitere Entstehungsgeschichte, welche ich kurz erwähnen möchte, da einige Leser hier möglicherweise schon einmal darauf gestoßen sind. Das Problem besteht häufiger darin, dass es schwer zu erkennen ist, ob eine Geschichte gefälscht oder wahr ist, Desinformation enthält oder alles zusammen. Und das ist eine sehr seltsame Geschichte. Im Jahr 1998 gab es eine der ersten Internet-Sensationen rund um eine neue Website namens Wingmakers. Diese Seite ist jetzt gelöscht, aber bald darauf trat eine ähnliche Seite an ihre Stelle, welche bis heute besteht. Millionen besuchten die Website, auf der behauptet wurde, die US-Regierung habe in den 1970er Jahren eine uralte außerirdische Kapsel gefunden, die man am besten als Zeitkapsel bezeichnen kann. In der Geschichte geht es um eine Erde, die eine Kopie ist und Seelen die gefangen werden und mit einem Trick physische Körper bewohnen. Aber die Geschichte der Website und alles andere ist einfach seltsam. Ich lasse die Fußnoten zu Wes Penres Überblick über die Geschichte und zur neuen Wingmakers-Website unten, falls Du sie Dir ansehen möchtest[48]

48 https://wingmakers.com/about/ancient-arrow-site/
https://docs.google.com/file/d/0B5RUtnz0S-o6S2xiMzVTaThib3dhTTlMUGd0cUl3SG9NQ2JV/edit?resourcekey=0-C9sYLSdqSJAhHiLbrEtYzw
https://wespenre.com/tag/james-mahu/

Die Vision

Es gibt noch einen anderen Standpunkt zu diesem Bereich hier und warum wir so sind wie wir sind. Ich habe es an einer Stelle im Buch bereits angedeutet, werde diese Ansicht aber jetzt teilen. Ich hatte diese Vision im Jahr 2009. Meine Vision war, dass es nicht der Demiurg war der uns erschaffen hat, sondern die Natur um uns zu helfen, einen Fluchtweg vor dem Demiurgen zu finden. Diese Vision weist darauf hin, dass der Demiurg zwar die Welt erschaffen hat, uns aber hat die Natur erschaffen. Dies ist auch der Grund, warum seine Archonten und Diener in der Welt so sehr versuchen, uns aufzuhalten und zu bremsen. Rückblickend auf diese Erfahrung war es ein ziemlicher Zufall, dass ich, um „diese Vision zu haben", in meiner Traumreise in eine „Höhle" ging. Sehr interessant war auch, wie ich mich fühlte, als ich die Vision verließ: erfrischt und erneuert. Ich habe die Vision so belassen, wie sie ist, aber ich habe eine zusätzliche Idee in ((doppelte Klammern)) gesetzt, die einen anderen Blickwinkel auf das gibt, worauf die ursprüngliche Vision hingedeutet haben könnte. Diese Vision behauptet, dass die gesamte Natur gefangen ist, aber sie sagte mir nicht, wie sie erschaffen wurde, was die ursprüngliche Falle für sie war, noch wie die Seelen die Menschen belebten.

Ende 2009 begann in meinem Inneren ein alchemistisches Feuer zu brennen. Verborgene Teile meiner eigenen Ego-Strukturen, von denen ich dachte, dass sie längst verschwunden waren, waren wieder an die Oberfläche gekommen. Diese brachten viel Schmerz und Verwirrung mit sich und dies gepaart mit dem Feuer in meinem Inneren, welches nicht erlöschen wollte. Dämonen und dunkle Mächte verstärkten ihre Angriffe. Einerseits fragte ich mich, warum das alles? Warum einen Mann angreifen, welcher bereits in Schwierigkeiten steckt? Normalerweise greift man jemanden an, der aufgehalten werden muss. Ich habe mich Nacht für Nacht, mit einer Stunde Schlaf und wenig Interesse am Essen, damit auseinandergesetzt. Ich litt innerlich unter meinen eigenen Fehlern und meinem Mangel am Verständnis [Selbstmitleid und Opferhaltung] für all die Gaben, die mir gezeigt wurden. Ich verbrachte ein Wochenende mit einem eingeborenen Medizinmann, Jerry, und im Laufe dieses Wochenendes erschien mir diese „alte" Vision. Mit „alt" meine ich das Gefühl, dass dies womöglich den frühen Menschen vor 100.000 Jahren zuteilwurde, um zu erklären, wer wir waren, woher wir kamen und was das bedeutet.

„Bevor die ersten Menschen geboren wurden, gab es Steine, Bäume, Pflanzen, Tiere und Wasser. Doch eines Tages wurde ihnen klar, dass sie trotz all ihrer scheinbaren Freiheit und ihres Friedens in einer Art Schleife gefangen waren. Sie erkannten, was getan werden musste, damit sie alle wieder ihre Freiheit erlangen konnten, aber sie selbst (die Natur) konnte diesen Schritt nicht bewerkstelligen. Sie [diese Natur-Lebewesen] hatten eine Besprechung darüber, was dagegen zu tun sei.

Sie baten Mutter Sophia um Hilfe. Diese gestattete der Natur ein neues Wesen zu erschaffen, um ihnen zu helfen das zu tun, was sie nicht konnten. Die Natur hat den Menschen als aktive Kraft geschaffen um ihr die Tür zur Freiheit zu öffnen und um uns zu helfen, würde die Natur unser Führer sein. Die Natur hat den Menschen aus all ihren Teilen erschaffen: aus einer Pflanze, einem Stein, einem Wassertropfen, einem Luftstoß und einem Tier. Alle vereinten ihre Kräfte. Der tierische Teil, welcher für jeden einzelnen Menschen kam, wird heute auch „Krafttier" oder „Totem-Tier" genannt, weil es der am einfachsten zu erreichende Teil der Naturkräfte ist, welche uns erschaffen haben. Alle Menschen wurden gleichzeitig erschaffen, aber nur bei Bedarf in die manifestierte Welt gebracht. Dann baten sie uns, die Dinge zu tun, die für sie erledigt werden mussten.

Deshalb gestattet uns die Natur auch sie zu nutzen. Weil wir ein Teil der Natur sind und wir sind hier, um einen Job für die Natur zu machen. Sie haben uns gebeten, hier zu sein und sie haben uns erschaffen. Aus diesem Grund lassen sich Bäume fällen, um uns zu wärmen oder ein Reh gestattet uns sein Leben zu nehmen, um Fleisch zu gewinnen. Sie tun dies gewissermaßen als Opfer für uns, damit die Menschen weiterhin genau die Rolle erfüllen können, für welche wir geschaffen wurden. Wenn uns das gelingt, werden nicht nur alle Menschen, sondern auch die gesamte Natur frei sein. Die Schleife [Inkarnations-Schleife von sterben und geboren werden] wird beendet. Die Natur kann die Menschen [mit innerer Führung] unter

Anleitung zu diesem Tor führen, aber sie braucht die Menschen, um es zu durchschreiten.

Als die Natur diese Dinge [Zusammenhänge] zum ersten Mal realisierte, erkannte sie auch, dass es eine dunkle Macht gab, welche dies alles in einer seltsamen und andauernden Zeitschleife festhielt. Zunächst musste diese Dunkelheit ja nicht so viel tun, da die Natur selbst, ja kaum etwas unternehmen konnte um es beenden zu können. Die Natur war ja wie ein einziger, stetiger Kreislauf des Lebens ((Nahrungskette)) *angelegt. Sie hätte diese Schleife also niemals beenden können, ohne ihre eigene Existenz zu beenden. Deshalb hat die Natur den Menschen geschaffen. Und diese dunkle Macht erkannte sofort, dass diese Menschen, eine Gefahr für das gesamte System darstellten. Daher erschuf die dunkle Macht aus sich selbst heraus eine Gegenmacht, deren einzige Aufgabe darin bestand, dafür zu sorgen, dass die Menschen ihre Aufgabe nicht erfüllen, beziehungsweise nicht vervollständigen können* ((Sie könnten dies als eine Armee von Matrix Mr. Smiths sehen)). *Denn wenn die Menschen erfolgreich wären, es ihnen also gelingen würde, dann wäre die gesamte Natur frei und die dunkle Macht könnte nirgendwo hin. Die dunkle Kraft ist abhängig vom Vortex, der [elektromagnetischen] Wirbelschleife [mehrheitlich jedoch ein magnetisch wirbelndes Feld].*

Das ist auch der Grund, warum diese dunkle Macht die Menschen so heftig angreift, jedoch vergleichsweise die Natur seltener direkt angreift. Die Natur hat Kraftorte geschaffen, Orte starker Energie, zu denen Menschen gehen und mit den Geistern der Natur und mit den Geistern, die im Reich über der Natur leben, offene Kommunikation führen können. Früher lebende Menschen [Ureinwohner/ Zivilisationen] bauten hier Tempel und Bauwerke, um genau diese Kommunikation zu ermöglichen, beziehungsweise die Kraft dessen, was ihnen gezeigt wurde, verstärken zu können. Die dunkle Macht erkannte dies und verbrachte daher einen Großteil ihrer Zeit damit, die Kontrolle über diese Machtpunkte zu erlangen, welche die direkten Kommunikationsöffnungen zwischen Natur und Mensch darstellen. Als immer mehr dieser Punkte von den dunklen Kräften übernommen wurden, gab die Natur einen neuen Weg der Kommunikation weiter, der zwar nicht so klar und perfekt war (wie eine halbdurchlässige Telefonleitung), aber eine Leitung war, die die dunklen Kräfte nicht unterbrechen konnten. Sie gaben den Menschen eine Zeremonie und Werkzeuge, die in gewisser Weise eine kleine Energieöffnung schufen, in der die Zeremonie durchgeführt wurde.

Als die Menschen mehr lernten und mehr Verständnis dafür entwickelten, was dieser Ort ist und was unsere Aufgabe ist, mussten die dunklen Mächte die Angriffe noch mehr verstärken und manifestierten eine „computergenerierte Kraft" als höchsten Angriff innerhalb des Traumzustands. Ein Teil dieser [ihrer] „Aufgabe" bestand darin, alles zu tun, um die den Menschen zur Verfügung gestellten Zeremonien zu blockieren. So begannen sie ihre eigenen ((umgekehrten)) *Gegenzeremonien, „satanische Rituale, unterschwellige [sublimal] Konditionierungen und Gedankenkontrolle" uns überzustülpen. Einer ihrer erstaunlichsten Versuche, den Menschen aufzuhalten bestand darin, uns einen Parasiten einzupflanzen, den egoistischen Geist. Dieses Virus breitete sich aus und nur sehr wenige realisierten, dass es einmal eine Zeit gab, in welcher es nicht existierte und so stellte niemand den Ursprung des egoistischen Geistes in Frage. Und dennoch spricht so ziemlich jedes spirituelle Werk der Geschichte von den Gefahren unseres eigenen Geistes. Warum sollte denn unser eigener Geist gefährlich sein, wenn er wirklich von uns ist? Und das ist genau der Punkt, welcher diesen spirituellen Werken der Geschichte fehlt. Es ist gar nicht unser Geist; es ist der Blockierungs-Mechanismus dieser dunklen Mächte.* ((Diese dunklen Kräfte haben im Laufe der Zeit dazu geführt, dass die Menschen mehr und mehr vergessen haben warum sie hier sind. Viele Menschen verbringen ihre Zeit sogar damit die Natur und ihre Lebewesen zu zerstören und zu schädigen, also genau die Naturlebewesen, welche uns unser ursprüngliches Leben gegeben haben.))

Die Natur kennt den Ausweg. Sie weiß auch wo die Tür ist, sie weiß was zu tun ist und sie möchte uns zu dieser Tür bringen. Aber sie weiß auch, dass zuerst der Parasitenvirus (Ego-Geist) entfernt werden muss. Und das ist eine weitaus größere Herausforderung, als sich auch nur irgendjemand vorstellen kann. Erst, wenn dieser Parasit vollständig verschwunden ist, kann die Natur wieder direkt mit uns kommunizieren, uns leiten und uns zeigen was getan werden muss. Die Natur kann Botschaften weitergeben, Energie liefern, Blockaden öffnen, aber den Rest müssen wir selbst erledigen. Die Natur ist in keiner Weise von uns getrennt, denn wir kommen direkt aus ihr. Es gibt einen Grund, warum der Schöpfungsmythos den Menschen aus dem

Lehm der Erde erschaffen hat. Es steht symbolisch dafür, uns zu sagen, dass unser Schöpfer die Natur selbst ist, die Erde hat die Schöpfung durch die Natur gestattet. Die Erde ist nicht unsere Mutter, sondern unsere GROSSMUTTER. *Aus diesem Grund bestand die Natur in den alten Schriften nicht nur aus dem weiblichen, sondern auch aus dem männlichen, sie umfasst beides zusammen.*

Die gesamte Struktur der frühesten menschlichen Weisheit, der Mythologie, der Texte und Geschichten, welche über Generationen weitergegeben wurde, drehen sich im Kern um diese Schöpfung. Sie drehen sich um die Bedürfnisse der Natur an uns und um die dunklen Mächte, welche versuchen dies zu verhindern. Wenn wir zu diesem Ort im Inneren und Äußeren zurückkehren, werden wir genau wissen, was wir tun sollen und dann tun wir es entweder und beenden die Schleife ein für alle Mal oder wir tun es nicht, dann wird die Schleife zurückgesetzt und alles beginnt von vorne.

„Dies ist die Vision, die mir in der Höhle präsentiert wurde. Danke schön."

Wie Du sicherlich bemerkst, habe ich am Ende dieser Vision das Wort „zurückgesetzt" verwendet. Diese Zusammenfassung der Vision wurde von mir 2009 verfasst, lange bevor dieses Wort im täglichen Leben so häufig zu hören war, wie heutzutage. Ich begann bereits damals damit zu sagen, dass die Natur „gefangen" sei. Es gab für mich zwar noch keine Erklärung wie sie konkret gefangen ist, aber das war das Wort welches mir damals in der Vision erschienen ist. Was diese Vision auch so interessant macht, ist der Umstand, dass wir nicht direkt über den Demiurgen gefangen sind, sondern über den Sachverhalt, dass wir aus der bereits gefangenen „Natur" stammen. Jedoch im Inneren eines Menschen gibt es einen besonderen Teil, der nicht nur unseren Austritt, sondern den der gesamten Natur, eigentlich des gesamten Reiches, ermöglichen würde. Meine eigene erlebte Vision unterscheidet sich daher stark von den Schöpfungsmythen der Gnostiker und Katharer, welche glaubten, dass die Seelen der Menschen durch einen Trick in die Materie gelangten. Der Gedanke, dass wir eine „nicht-individuelle" Seele sein könnten, wie wir sie uns normalerweise vorstellen und stattdessen mit den

Seelen der Natur verbunden sind, ist eine ziemliche Veränderung. Vielleicht nimmt jeder Mensch, der den Reinkarnationszyklus beendet, etwas der Natur mit, wenn wir ihn verlassen. Ich bin mir nicht sicher, welche Geschichte konkret wahr ist.

-Sind wir Seelen, welche vom Demiurgen/Satan dazu verleitet wurden hierher zu kommen, wie die Gnostiker und Katharer behaupten?

-Leben wir in etwas, welches einst eine Art wunderschönes Paradies war, bevor die dunklen Mächte es übernahmen und alles Leben einsperrten, wie Castaneda und meine Vision vielleicht vermuten lassen?

-Sind wir Loosh-Kreaturen, welche vom Demiurgen erschaffen wurden, lange nachdem dieses Reich gegründet wurde?

Ich kann nur sagen, dass wir uns alle Optionen offenhalten sollten. Die Quintessenz ist, dass wir auf die eine oder andere Weise Teil einer gefängnisähnlichen Farm-Welt sind und dass dunkle Kräfte daran arbeiten, uns gefangen zu halten und zu täuschen, indem sie uns immer wieder in eine sich wiederholende, Energie erntende Umgebung reinkarnieren.

Manche mögen sagen, dass die Menschen ein gescheitertes Experiment sind und dass wir beseitigt werden sollten. Wenn man bedenkt, wie wir uns verhalten und den Planeten und uns gegenseitig misshandelt haben, kann ich verstehen, wie viele zu diesem Schluss kommen. Aber wenn diese Welt nicht von einem liebenden Gott geschaffen wurde, sondern von einem bösen Demiurgen, dann ergibt alles einen Sinn. Menschen verhalten sich so, wie wir geschaffen wurden und es ist erstaunlich, wie viele diese Konditionierung trotzdem durchbrechen und sich einigermaßen vernünftig verhalten können. Wenn Sie [noch] an einen liebenden Schöpfer glauben, dann scheint es, dass die Menschen hier irgendwie versagt haben. Wenn man aber sieht, dass das gesamte System nicht dafür geschaffen wurde, dass die Menschen freundlich, harmonisch oder im Gleichgewicht sind, sondern eher dafür, dass wir schrecklich zueinander sind, um mehr Loosh zu ernten, wird es klarer. Würden die Menschen in Harmonie leben und nett zueinander sein, gäbe es sehr wenig Loosh zu ernten. Ich glaube, dass die Kontrollinstanzen dies bereits in den Anfängen versucht haben (die historischen Erinnerungen an diese Zeit sprechen von einem goldenen Zeitalter), aber die Loosh-Ernte aus diesem System war zu gering und als sie sahen, dass Konflikte und Leid mehr Loosh erzeugen, wurde das System geändert. Es wurde nicht geändert, weil die Menschen wollten, dass es diese Welt verändert, sondern weil es vorteilhaft war für das, was und wer diese gesamte Simulation kontrolliert. Die Simulation ist jetzt so angelegt, dass die Menschen selbstgefällige, manipulative Arschlöcher sind. Das macht es einfacher, die Lakaien des Kontrolleurs als „Superbeispiele" für uns in der materiellen Welt zu akzeptieren. Kann man uns wirklich als gescheitertes Experiment bezeichnen, wenn das Experiment absichtlich so angelegt war, dass wir scheitern sollten? Kann man sich selbst als Verlierer eines Wettbewerbs bezeichnen, der absichtlich so gestaltet wurde, dass man nicht gewinnen konnte?

Der Erwerb von Objekten und Titeln in der physischen Welt ist kein Gewinn, sondern eine egoistische Ablenkung. Wir verfügen über die innere Kraft und die inneren Werkzeuge, um die Gesamtheit des Wissens (Gnosis) wiederzuerlangen. Wir können diese Gaben auch nutzen, um über die vielen Erinnerungslöschungen und früheren Leiden hinwegzusehen und unsere Absicht auf eine Sache zu konzentrieren: nach Hause zurückzukehren. Zugegeben, wir müssen vorsichtig sein, denn ein weiterer Trick des Zustands nach dem Tod besteht darin, dem frisch Verstorbenen das Gefühl zu geben, zu hause zu sein (ich habe hier absichtlich ein kleines h verwendet). Auf einer Ebene sucht die Seele natürlich nach Heimat (Großbuchstabe H) und wie bei allen Tricks, wird auch hier eine Kopie als das Original präsentiert und verkauft. Lasse Dich durch „Wohlfühl-Erlebnisse" nicht zu dem Glauben verleiten, bereits angekommen zu sein, während Du dich noch auf einem Schiff auf hoher See befindest und gerade in das Auge des Hurrikans gesteuert wirst. Es erscheint ruhig, aber der Sturm ist nah. Heimat bedeutet Heimat, keine weiteren Tricks, Täuschungen oder Lügen mehr. Bleib stark, kenne deine innere Kraft und gebe Dich mit nichts Geringerem als deinem wahren Zuhause zufrieden.

Die Rekapitulationsliste

In den vorangegangenen Kapiteln habe ich die Kraft der Rekapitulation erwähnt. Sie wird für jemanden, der sie in der materiellen Welt durchführt, von Nutzen sein, um verlorene Lebensenergie wiederzugewinnen. Das Hauptaugenmerk einer Rekapitulation liegt jedoch darauf, uns auf den Lebensrückblick nach dem Tod vorzubereiten, so dass uns nichts darin überraschen wird.

Es gibt viele verschiedene Möglichkeiten, die eigene Vergangenheit ehrlich zu sehen und zwar auf eine Art und Weise, die bis in die tiefsten Schichten des Geschehens vordringt. Um Ereignisse klar zu sehen, muss man über den normalen parasitären Verstand und die normale Erinnerung an Ereignisse hinausgehen. Das sind nur die Geschichten, die der Verstand für die Vergangenheit erschaffen hat, während die Rekapitulation darauf abzielt, die Vergangenheit in völliger Ehrlichkeit zu sehen. Es ist ein Prozess, der nur angedeutet und vorgeschlagen werden kann, denn der beste Weg für jede Person ist höchst individuell und muss von ihr selbst entwickelt werden. In Anhang B meines Buches *Falling For Truth* stelle ich meine eigene Art und Weise vor, den Rekapitulationsprozess durchzuführen. Dieser Text ist auch auf meiner Website unter dem folgenden Link verfügbar: https://www.egyptian-wisdom-revealed.com/2020/06/recapitualtion/

Seit langem empfehle ich den Menschen, einen Lebensrückblick zu machen. Das gesamte Leben. Wie bereits in den vorangegangenen Kapiteln erwähnt, ist der Grund dafür, dass es keinen einzigen versteckten Bereich in unserem Leben gibt, der uns bei der Überprüfung nach dem Tod überraschen könnte. Das Problem ist, dass eine solche vollständige Überprüfung Jahre dauert; meine erste dauerte etwa vier Jahre. Ich bin mir nicht sicher, ob die Menschen angesichts unserer gegenwärtigen bizarren Weltlage so viel Zeit haben. Jeder, der nicht mit einem vollständigen Lebensrückblick begonnen hat, wird ihn vielleicht nicht abschließen können, wenn man bedenkt, welche Herausforderungen für diese Realität am Horizont auftauchen.

Ich schlage also nicht mehr vor, dass die Leute eine komplette Lebensrekapitulation machen (obwohl, wenn Sie sich wirklich dazu gezwungen fühlen, dann machen Sie es). Ich schlage jetzt vor, eines von zwei Dingen zu tun. Eine Rekapitulationsliste zu erstellen oder ein Erinnerungsalbum anzulegen. Die Rekapitulationsliste ist der erste Schritt zu einer vollständigen Rekapitulation. Sie dient als Leitfaden, damit wir einen Organisationsplan für den Prozess haben, um zu wissen, wer die nächste Person ist, die wir überprüfen müssen und welche Ereignisse mit dieser Person verbunden sind. Die Erstellung der Liste ist jedoch eine Art Rekapitulation an sich. Als ich meine Liste zum ersten Mal erstellte, was etwa drei Monate dauerte, kamen während des Prozesses alle möglichen vergessenen Ereignisse und Erinnerungen zum Vorschein.

Wenn Du also eine Liste erstellen willst, nimm Dir Zeit, um sie vollständig abzuarbeiten. Gib Dir drei oder vier Monate Zeit und höre nicht auf, bis Du dich vollständig fühlst. Diese Liste sollte alle Personen enthalten, die Du jemals getroffen hast (die Bedienung bei McDonald's, die Deine Bestellung aufgenommen hat, gehört nicht dazu), aber sie sollte umfassend sein. Als Hilfe kannst Du alte Adressbücher, Schul-Jahrbücher und Fotos verwenden. Alles, was Deinem Gedächtnis auf die Sprünge hilft, mit wem Du zu verschiedenen Zeiten in Ihrem Leben zu tun hattest. Wo hast Du Urlaub gemacht, wo hast Du gearbeitet, wo hast Du zu Abend gegessen? Wenn Du eine ausführliche Liste mit Namen hast, solltest Du diese rückwärts aufschreiben, wobei die neuste Person, die Du kennengelernt hast, ganz oben auf der Liste steht und Deine Eltern zuletzt. Nimm nun diese Liste und schreibe 1-3 Ereignisse auf, die mit dieser Person stattgefunden haben. Manche Personen hast Du nur ein einziges Mal getroffen, bei anderen kann man aus Tausenden von Ereignissen wählen (bei den Personen, mit denen Du viel Zeit verbracht hast, wähle 20 bis 25 Ereignisse).

Wenn die Liste und die Ereignisse an ihrem Platz sind, lies die Liste langsam durch. Name für Name, Ereignis für Ereignis. Lasse Dir Zeit. Es werden viele Erinnerungen auftauchen. Bleib Du einfach bei ihnen. Gehe zu denen, zu denen Du dich hingezogen fühlst. Wenn Du zu den Namen derer kommst, mit denen du sexuelle Begegnungen hattest, nimm dir ein wenig Zeit zum Atmen, um die Energie zu harmonisieren (denn sexuelle Begegnungen können viel fehlgeleitete und verlorene Energie erzeugen, wenn die Aktivität nicht mit einem klaren Bewusstsein ausgeübt wurde). Du machst das nicht wie eine vollständige Rekapitulation, du liest es nur durch, hast kurze Geistesblitze, während du es durchgehst und siehst, was dir noch einfällt, was du vergessen hast. Mit dieser Übung bereitest Du dich darauf vor, alle Schuldgefühle, Scham oder Rachegelüste aus Deiner Vergangenheit loszulassen. Du musst während des Lebensrückblicks nach dem Tod klar und ruhig sein.

Die andere Empfehlung wäre, das zu machen, was Carlos Castaneda „ein Album der denkwürdigen Ereignisse" nannte. Das heißt, Ereignisse zu finden, die uns widerfahren sind, aber auch unpersönlich waren. Es geht nicht um die wichtigsten Dinge, die besten oder schlimmsten Dinge, die in unserem Leben passiert sind, sondern um Dinge, die in irgendeiner Weise das Leben aller Menschen berühren. Diejenigen, die irgendwie universell und gleichzeitig persönlich sind. Es ist eine Menge Arbeit, das eigene Leben zu durchforsten, um diese „Album-Momente" zu finden. Wir fangen immer mit dem an, was wir für unsere „besten und schlimmsten Momente" halten, aber im Allgemeinen passen sie nicht in die Kategorie der „unpersönlichen Ereignisse". Im Kapitel „Einleitung" des Buches *Wirken der Unendlichkeit* findest Du weitere Informationen über die Erstellung eines Albums.

Eine Sache, auf die ich hinweisen möchte, ist, dass Castaneda davon sprach, dass es zwei Arten von „Kriegern" gibt (diejenigen, die sich auf einem Pfad der totalen Wahrheit befinden). Die eine Gruppe ist als „Stalker" bekannt (die hauptsächlich im materiellen Bereich arbeiten) und die andere als „Träumer" (die hauptsächlich in alternativen Realitäten arbeiten).

Für einen Träumer ist die Rekapitulation nicht so wichtig, da sein Fokus auf dem Astralbereich liegt und die physische Form daher weit weniger solide ist. Für den Stalker jedoch ist die Rekapitulation (zusammen mit dem als Nicht-Tun bekannten Prozess) ein Schlüsselelement für seine Praxis. Ich erwähne dies, weil jemand, der ein klassischer Träumer ist, vielleicht sofort weiß: „Ich brauche mein Leben nicht zu rekapitulieren" und damit hätte er recht. In gewisser Weise kommen sie mit ihrem Leben in Berührung, während sie außerkörperliche Erfahrungen machen. Du muss also feststellen, zu welchem „Typ" materielle Manifestation Du gehörst, um zu entscheiden, wie wichtig diese Praxis für Dich persönlich ist oder nicht. Je mehr Zeit du in diese Übung steckst, bevor der Moment des Todes kommt, desto besser wirst du auf der anderen Seite vorbereitet sein, wenn ein archontisches Wesen versucht, dich mit einem Ereignis aus deiner Vergangenheit zu beschuldigen. Du bist bereit für sie.

Glossar

Alchemistische Stadien

Die vier alchemistischen Stufen sind: Nigredo (schwarz), Albedo (weiß), Citrinatius (gelb) und Rubedo (rot). Jede war eine andere Stufe des inneren Prozesses und jede hatte ihre eigene Symbolik und Darstellung.

Astralbereich

Eine feinere Ebene der Realität, die man entweder bei einer OBE oder NTE betritt. Manche behaupten, es sei eine Existenzebene zwischen Erde und Himmel.

Demiurg

Ein gnostischer Begriff für das, was sie „den wahren Schöpfer der materiellen Welt" nennen. Es handelt sich um einen falschen Gott, der eher einem KI-Computer gleicht, der ein künstliches Reich erschaffen und die menschlichen Seelen darin gefangen hat. Wird von den Katharern auch als Rex Mundi bezeichnet.

Dzogchen-Buddhismus

Eine östliche Tradition, die sich auf Leerheit, Mitgefühl und Verschmelzung mit dem klaren Licht (Leere) konzentriert.

Einssein

Eine Erfahrung, die als nicht-dual, Einheit oder Bewusstsein bezeichnet werden kann. Nichts wird als außerhalb von sich selbst oder als etwas anderes als das Selbst gesehen.

Flyer

Die sogenannten Flyer haben ihre Vertreter auf der Erde, alle erhalten ihren Teil des anorganischen Bewusstseins (ich sollte sagen „Ebene der Manipulation“), um eine wahnsinnige Symphonie auf der Bühne der Welt zu spielen.
Im Austausch für unsere Energie haben uns die Flyer Verstand, unsere Bindungen und unser Ego gegeben. Für sie sind wir nicht ihre Sklaven, sondern eine Art Lohnarbeiter.

Gnostiker

Mehrere Gruppen, die den Lehren der Gnosis (Weisheit) folgen, die man braucht, um die Wahrheit zu finden. Eine dieser Gruppen war für die Erstellung des Nag Hammadi Codex verantwortlich

Hesychia

Griechisches Wort für „Stille“ und auch für eine Gruppe von Mönchen in der heutigen Türkei, die zwischen 1000-1400 n. Chr. erblühten. Sie haben große Ähnlichkeit mit dem modernen Dzogchen-Buddhismus.

Katharer

Eine christliche Sekte, die vor allem in Südfrankreich und Norditalien zwischen dem 11.th und 15.th Jahrhundert lebte. Es wird angenommen, dass sie sich aus früheren Gruppen wie den Manichäern und Bogomilen entwickelt haben, obwohl niemand genau weiß, woher sie kamen. Die römische Kirche startete 1209 n. Chr. den ersten Kreuzzug gegen ihr eigenes Volk, um zu versuchen, die Katharer auszurotten.

Leere

Ein Ort im oder jenseits des Astralreichs, der als „still" oder „nicht dual" bezeichnet werden kann. Viele beschreiben ihn als schwarz oder dunkel, aber auch nicht leer. Wahrscheinlich ist es auch das, was im Dzogchen-Buddhismus als „Klares Licht" bezeichnet wird und worauf man sich im Leben konzentrieren sollte, damit man sich im Tod leichter mit ihm verbinden kann.

Loosh

Ein Begriff, der von Robert Monroe, der eine außerkörperliche Erfahrung gemacht hat, in seinem Buch Far Journeys geprägt wurde. Der Begriff entstand, als ihm in einer außerkörperlichen Erfahrung erklärt wurde, dass die außerirdischen Wesen, die dieses Reich kontrollierten, Loosh (eine Art von Energie) begehrten und sie schufen die Menschen und eine Welt voller Konflikte und Leiden, weil sie ihnen das beste Loosh lieferten.

Nag Hammadi Codex

Eine Reihe von Büchern (die ersten gebundenen und mit Seitenzahlen versehenen Bücher der Geschichte) in koptischer Sprache von einer Gruppe von Gnostikern, die 1945 in der Nähe von Nag Hammadi in Ägypten gefunden und 1947 erstmals anerkannt wurden - im gleichen Jahr, in dem die Schriftrollen vom Toten Meer bekannt gegeben wurden.

Nahtoderfahrung (NTE)

Eine Erfahrung, die mit einem scheinbar baldigen Tod verbunden ist. Im Allgemeinen haben Nahtoderfahrungen ähnliche Merkmale (aber nicht alle) und diejenigen, die in einen Körper zurückkehren, beschreiben sie im Allgemeinen als angenehm und lebensverändernd.

Non Playing Character [Nicht Spielender-Charakter] (NPC)

In Videospielen sind sie die Personen, die das Spiel bevölkern und ihm Tiefe verleihen und der Spieler hat keinen Einfluss auf sie. NPCs werden immer zu 100 % ihrem Skript folgen.

Out of Body Experience [Außerkörperliche Erfahrung] (OBE)

Wenn das Bewusstsein einer Person in einen nicht-physischen Körper eintritt und entweder im physischen oder astralen Bereich interagieren kann.

Platons Höhle

Allegorie auf ein System der ausgrenzenden Realität, die in dem Buch Die Republik von Platon zu finden ist.

Pleroma

Die ursprüngliche Heimat des Vaters, des Gottes des Guten und seines weiblichen Gegenstücks Barbelo. Dieser Ort der Fülle, des Absoluten und der Totalität ist die wahre Heimat des göttlichen Funkens im Inneren, der als Seele bekannt ist.

Reinkarnation - Seelenfalle

Ein Begriff für die Darstellung unserer Welt. Nichtmenschliche Wesen haben diese Welt entweder erschaffen oder kontrollieren sie und bringen menschliche Seelen in ein künstliches Weltkonstrukt. Sie tun dies, um Menschen als Nahrung zu züchten.“ Wayne Busch

Weißer Lichttunnel

Eine Erfahrung, die viele während einer Nahtoderfahrung machen, indem sie einen Tunnel aus weißem Licht sehen, der sie anlockt. Im Allgemeinen wird es als ein Gefühl der größten vorstellbaren Liebe und Freude beschrieben, dem man kaum widerstehen kann.

Danksagungen

Eine Reihe von Leuten war sehr hilfreich, indem sie Vorschläge machten und Ratschläge für die ersten Exemplare des Buches gaben. Ich möchte ein paar Stars herausgreifen, die mit der Bearbeitung und weiteren Vorschlägen geholfen haben, als das Buch von der Idee zum fertigen Projekt wurde: * Verushka Ettlin, Brian Johnston von „Cool Guitar Gear“ und meine Frau, Gro Anita. Sie musste sich auch mit einem Mann auseinandersetzen, der mehrere Monate lang 10-Stunden-Arbeitstage hatte, um dieses Projekt fertigzustellen. Das bekommt einen Stern für sich selbst.

Bibliographie

(Ich empfehle dringend die unten fett gedruckten Quellen)

Allgemeine Quellen

Anagnostou, Angeliki, *Can You Stand The Truth? The Chronicle of Man's Imprisonment: Last Call!,* (2012)

Buhlman, William, *Adventures in the Afterlife*, (2013)

Castaneda, Carlos, *Das Wirken der Unendlichkeit,* (1998)

Castaneda, Carlos, Die Kunst des Pirschens, (1981)

Good Sky, Dianna, *Warrior Spirit Rising*, (2020)

Fawcett, Brian, *Public Eye: an Investigation into the Disappearance of the World* (1991)

Lash, John Lamb, *Not In His Image*, (2021)

Marshall, Bart, *Becoming Vulnerable to Grace*, (2021)

Scott, Kenneth, *An Overview of the World System of Bondage,* Gemstone University

Talbot, Michael, *Holographic Universe*, (1991)

http://www.butterfliesfree.com (Website von Stephen Davis)

htpp://www.trickedbythelight.com (von Wayne Bush)

Verschiedene Seiten auf Wikipedia (ja, ich weiß, aber die Seite gibt den Standardstandpunkt zu jedem Thema wieder)

Forever Conscious Research (YouTube-Kanal)

Free at Last (YouTube-Kanal)

www.gnosis.org

Coppens, Philip, *Servants of the Grail*, (2009)

Douzet, Andre, *The Wanderings of the Grail,* (2006)

Mark, Joshua J. Mark, „World History Encyclopedia" found at http://www.worldhistory.org

McDonald, James MA, MSc. „Cathars and Cathar Beliefs in the Languedoc", http://www.cathar.info, Datum der letzten Änderung: 8 Februar 2017

Palamas, Gregory, *Holy Hesychia: The Stillness that knows God*, ed Robin Amis, (2016)

Pickett, Linda, *The Templar Revelation: Secret Guardians of the True Identity of Christ,* (2007)

Smith, Andrew Phillip, *The Lost Teachings of the Cathars: Their Beliefs and Practices,* (2015)

Über den Autor

Howdie Mickoski ist ein Forscher und Philosoph. Er ist der Autor von drei früheren Büchern: *Falling For Truth*, *Exposing the Expositions* und *The Power of Then.* Er spricht auf verschiedenen Internetkanälen unter dem Titel *Howdie Mickoski Talks* und ist (vorerst) auf YouTube, Bitchute und Freevoice.io zu finden.

Er ist auch über seine Website zu erreichen:
https://www.egyptian-wisdom-revealed.com/

Und über seine E-Mail-Adresse:
egypthowdie@outlook.com

Vielen Dank für die Lektüre.

www.ingramcontent.com/pod-product-compliance
Lightning Source LLC
LaVergne TN
LVHW041126150826
845673LV00007B/2188

* 9 7 8 8 2 9 4 0 9 4 0 0 4 *